不動産売買・賃貸借契約の書式文例48

北河隆之 編著

同文舘出版

はじめに

　私たちは日常的に取引を行なっています。スーパーでの買い物、レストランでの飲食と数え上げればキリがありませんが、中でも、不動産についての取引は重要です。家を建てたり、買ったりすると大きな金額が動きます。家を借りる場合には、それほどの金額は必要ありませんが、生活の拠点となるわけですから、快適な住環境でなければなりません。ところが、借りた家が雨漏りしたり、あるいは、突然、貸主が代わり、契約を解除され、出て行かなければならなくなった、などということになっては一大事です。

　それは、家を建てたり買ったときも同じです。建てた家が傾いていた、借地に抵当権がつけられていて、競売され、出て行かざるをえなくなった。そのようなことがないとは限りません。そこで、起こりそうなトラブルを想定し、その場合にどうするか、あらかじめ取り決めをしておくのが「契約」であるといえます。

　法律上、契約は口約束で成立します。当事者の合意だけで契約は成立します。ただし、ビジネスや重要な場面での契約では、契約書が作られるのが一般的です。当然、不動産についても契約書が作成されます。口約束では後々、契約について問題が生じた場合、言った言わないといった話になるからです。下手をすると裁判沙汰にまで発展することになります。そのような状況を回避するために、証拠として契約書を作成しておく必要があります。

　では、契約書にはどのような内容を書き込めばよいのでしょうか。一般的な契約と違って不動産に関する契約には独特なものがあります。たとえば、登記です。売買契約を例にとってみると、売買契約が成立すれば不動産は買主のものになりますが、もし、売主が売った不動産を他の者とも売買し、登記がなされてしまえば、元々の買主は、その不動産が自分のものであることを主張することができなくなってしまいます。そこで不動産の

売買契約書には、移転登記をする時期を必ず記載することになります。

　本書では、売買契約から、賃貸借契約、不動産販売提携契約と幅広い契約書式を取り入れ、アドバイスとして、書式記載の仕方を説明しています。また、法律用語の説明も行なっていますので、本書を理解する上での一助となれば幸いです。

　本書を活用することにより、みなさまが安全な取引を結ぶことができればこれに勝る喜びはありません。

2008年1月

編著者　北河隆之

不動産売買・賃貸借契約の書式文例48

もくじ

はじめに

第1章 不動産契約締結のための法律知識

1　不動産をめぐる法律や権利の種類を知っておこう ………… 10
2　不動産登記簿について知っておこう …………………… 13
3　不動産売買契約締結の流れを知っておこう …………… 17
4　賃貸借契約のしくみを知っておこう …………………… 19
5　借地契約の内容について知っておこう ………………… 21
6　借家契約のしくみを知っておこう ……………………… 23

第2章

安心できる契約の仕方と手続き

1 欠陥トラブルはどう解決すればよいのか ……………………… 26

2 契約書はどのように作ればよいのか …………………………… 29

3 不動産業者との契約ではどこに注意すればよいのか ……… 33

4 重要事項の説明を受けたら、調印から履行へと進む ……… 35

5 注文住宅の建築請負契約の注意点について知っておこう ……… 39

6 契約書を公正証書にしておくと大きなメリットがある ………… 40

7 印紙についての常識を知っておこう ……………………………… 42

8 不動産売買契約を守らない、守れないときはどうする ……… 43

第3章

土地の売買等についての書式

1 宅地売買契約 ……………………………………………………… 46

2 土地売買契約（建築協定のある場合）………………………… 49

3 建築協定 …………………………………………………………… 52

4 農地売買契約 ………………………………………… 55

5 買戻特約付宅地売買契約 ……………………………… 58

6 登記原因証明情報 ……………………………………… 61

7 土地売買契約の変更契約 ……………………………… 63

8 宅地売買予約契約 ……………………………………… 65

9 不動産再売買予約契約 ………………………………… 68

第4章

建物の売買等についての書式

1 借地権付建物売買契約（新たに借地権を設定）…………… 72

2 借地権付建物売買契約（既存の借地権ごと移転）………… 75

3 借地権付建物売買契約（建物賃借人が購入）……………… 79

4 借地権付建物売買契約
（土地所有者・借地人以外の第三者が購入する場合）……… 82

5 建物売買予約契約 ……………………………………… 86

第5章

土地建物一括売買についての書式

1 土地建物売買契約（基本パターン）............................. 90

2 土地建物売買契約（実測精算なし）............................. 93

3 土地建物売買契約（融資のあっせんを行なう場合）.......... 96

4 土地建物売買契約（土地売主と建物売主が違う場合）....... 99

5 区分所有建物売買契約 103

6 工場の売買契約 106

7 土地建物売買予約契約 109

8 土地とマンションおよび敷地との交換 111

第6章

土地の賃貸借についての書式

1 土地賃貸借契約 116

2 土地賃貸借契約（建物譲渡特約付）........................... 119

3 土地一時賃貸借契約 122

4 一般定期借地権設定契約（木造専用住宅）･･････････････ 126

5 事業用借地権設定契約 ･･････････････････････････････････ 132

6 駐車場使用契約 ･･ 139

7 借地権譲渡契約 ･･ 142

第7章

建物の賃貸借についての書式

1 賃貸住宅標準契約 ･･ 146

2 建物賃貸借契約（戸建住宅）････････････････････････････ 155

3 共同住宅賃貸借契約 ････････････････････････････････････ 159

4 建物賃貸借契約（転貸借）･･････････････････････････････ 162

5 一時使用目的建物賃貸借契約 ･････････････････････････ 165

6 事務所賃貸借契約 ･･ 168

7 店舗賃貸借契約 ･･ 173

8 定期建物賃貸借契約 ･･････････････････････････････････････ 178

9 定期建物賃貸借契約の事前説明 ･････････････････････ 184

10 定期建物賃貸借契約の終了通知 ････････････････････ 186

第8章

不動産管理・解約、担保設定・請負等の書式

1 不動産販売提携契約（マンション）･････････････････････ 190

2 37条書面 ･･･ 194

3 不動産引渡確認証 ･････････････････････････････････････ 197

4 手付放棄による売買契約解除通知 ･･･････････････････････ 199

5 物件明渡しの取り決め ･････････････････････････････････ 201

6 契約の一部変更契約 ･･･････････････････････････････････ 203

7 抵当権設定契約 ･･･････････････････････････････････････ 205

8 抵当権設定契約（追加担保）･･･････････････････････････ 209

9 民間建設工事標準請負契約約款（乙）･･･････････････････ 212

装丁：三枝未央
本文ＤＴＰ：ムーブ（武藤孝子）

第1章

不動産契約締結のための法律知識

1 不動産をめぐる法律や権利の種類を知っておこう

▶不動産には土地と建物がある

　不動産とは、土地と建物のことです。住居を建築するために購入する場合は、宅地を選ぶのが無難です。宅地以外の土地を宅地にするには、役所などの許認可（都市計画法の都道府県知事に対する市街化調整区域での開発許可や、農地法の市町村農業委員会に対する農地転用の許可申請など）が必要だからです。建物は、注文建築、建売住宅、分譲マンションなど、物件によって契約内容が異なります。

　経済的価値の高い不動産の購入に際しては、ある程度の法律知識が必要になります。また、登記簿の見方なども知っておくとよいでしょう。業者任せ、相手方任せは、後日のトラブルの元になります。

▶不動産に関わる法律にはどんなものがあるのか

　土地や建物は人の生活にとって欠くことのできないものです。そこで、土地・建物の取引については、他人の権利との利害を調整するため、あるいは居住者をはじめとする利用者の権利・利益を保護するため、さまざまな法律の規制があります。ここで、不動産をめぐる法律にはどんなものがあるか、一覧しておきましょう。

①**民法**

　不動産をめぐる基本的な決まり事は、民法という法律に定められています。ただ、民法だけでは、多様な法律問題に十分な対処ができないため、多くの特別法が定められています。

②**農地法**

　農地法は、農地所有権の移転や利用権の設定について制限を加えています。

③**建築基準法など**

建築基準法では建築確認についての規定があります。これは、直接は建築物に対する規定ですが、結局その土地の利用を制限するものです。建ぺい率や容積率のほか、高さ制限、斜線制限などもあります。この制限のため、思ったような大きさの建物が建てられないこともよくあります。事前の確認が必要です。

他にも、消防法では消防のための建物制限がありますし、道路については、道路法や都市計画法、建築基準法に規定があります。私道負担がある場合もあります。

④都市計画法

適正な制限の下に土地の合理的な利用が図られるように、都市計画区域などを制定した法律です。これにより、市街化区域、市街化調整区域など、開発が制限される区域もあります。また、計画道路についてもこの法律で定められています。購入する土地に計画道路が含まれている場合には、将来的に買収される可能性が高いので、しっかりと理解してから契約しましょう。

都市計画法上の規制は、市区町村の役場で調査できます。

⑤国土利用計画法

土地の投機的取引や地価の高騰、乱開発を未然に防ぐために一定の規制をする法律です。

⑥宅地建物取引業法

宅地建物取引業法は、不動産購入者の保護を目的として不動産業者を規制する法律です。

⑦住宅の品質確保の促進等に関する法律

欠陥住宅の建築・販売を規制するための法律です。

⑧建物の区分所有等に関する法律

略して区分所有法、あるいはマンション法とも呼ばれます。分譲マンションなどの共同住宅では一戸建住宅とは異なり、他の居住者との権利を調整する必要が生じてきます。マンション等の共同生活において居住者が、快適な生活を送り、その財産を守るために制定されたのがこの法律です。

▶権利は法律で定められている

「物を売買する」、「物を貸し借りする」ということは、法律的にいえば、「物の権利を発生させる・移転する」ということです。ここでは、不動産取引の対象となる主な権利について見てみましょう。

①所有権

その物を全面的に支配できる権利です。所有権者は、法律の範囲内であれば、目的物を自由に売却したり貸したりすることができます。

②地上権

他人が所有する土地の上に建物を建てるなどのために土地を使用する権利です。地上権は賃借権とは違い、存続期間がなく、地代をとらなくてもかまいません。また、誰に対しても主張することができます。そのため、契約上の制限がない限り、基本的には自由に権利を譲渡したり、第三者に貸して賃料をとることもできます。

③賃借権

貸主に賃料を払って土地や建物などを借りる権利のことです。借主は、貸主の承諾なしに賃借権を譲渡・転貸（又貸し）できません。なお、貸主が自分の土地建物を売却する場合に借主の承諾は不要です。

▶占有権は違法でも認められる権利である

占有とは、物を「事実上」支配している状態をいいます。占有者に認められるのが占有権です。たとえば、購入した家屋に勝手に住んでいる第三者がいた場合、第三者には占有権が認められ、無理やり追い出すことはできません。買主が権利を取り戻すには、訴訟を起こすなどの手間と費用がかかるので注意が必要です。

▶一つの不動産を複数の人で所有することもある

一つの物を数人で所有することを共有といいます。共有物は、他の共有者の同意なしで自由に処分することはできませんので、共有者の1人からその持分を買うときには注意が必要です。

# 不動産登記簿について知っておこう

▶登記簿で権利関係を確認する

　土地・建物の権利関係を知るためには、単に相手方から話を聞くだけではなく、登記簿を調べて確認する必要があります。登記簿を見れば、土地・建物をめぐる現在の権利関係だけでなく、現在に至るまでの権利変動の経過が詳細にわかります。

　登記簿というのは、土地・建物の権利関係を明らかにした帳簿のことです。登記所（法務局）に保管されているので、法務局に出向いて直接登記簿を閲覧するか、謄本の交付を受けて登記の内容を調べます。登記情報をコンピュータで管理している法務局（オンライン庁）では、登記事項証明書や登記事項要約書の交付を受けて調べます。

▶登記簿はどのように見たらよいのか

　一個の土地のことを「一筆」の土地といいます。筆は土地の単位で、登記記録は一筆の土地または一個の建物ごとに作られています。

　登記簿には土地登記簿と建物登記簿があります。それぞれ表題部、権利部（甲区、乙区）に分かれています。以下、それぞれに記載されている事項を見ていきましょう。

①表題部

　土地や建物の所在地、地番や家屋番号、土地の地目（主な用途）や建物の種類・構造、地積（土地の面積）、床面積などが記載されます。

　地目は、宅地や田畑など23種類に分類されます。田畑の場合は農地法による転用許可がなければ宅地に転用して売買することができないので注意する必要があります。

　建物の種類・構造の項は、建物そのものについての説明です。種類は、12種類に分けられています。構造は、木造や鉄筋などの種別のほか、何

階建てかなどについても記載されます。

②**権利部（甲区）**

　所有権についての記載がなされます。所有権に関連して、不動産の仮差押、処分禁止の仮処分などもこの欄に記載されます。この欄の所有権登記名義人が契約の相手方に間違いないかどうかを必ず確認しておきましょう。

③**権利部（乙区）**

　地上権、地役権などの利用権、抵当権などの担保権など、所有権以外の権利関係を記載します。

　たとえば、土地の所有権を取得しても地上権が設定されていて、買主が土地を自由に使用できない場合がありえます。登記簿に記載されている事柄は、あとで「知らなかった」ではすまないものばかりです。しっかり調べておきましょう。

　なお、所有権以外の地上権、地役権などの利用権が不動産に設定されていなければ、乙区の登記はありません。

　マンションなどの区分所有建物の場合、一棟の建物全体の場所、構造を示す「建物全体の表題部」が最初にあり、その次に各部屋等の「専有部分の表題部」「専有部分の権利部（甲区、乙区）」があります。

▶登記内容は必ずしも信用できるものとは限らない

　実は、登記簿の情報は「絶対」ではありませんので注意が必要です。

　たとえば、A氏所有の不動産の登記名義を、B氏が無断で自分名義に変更し、C氏と売買契約を結んだとします。この場合、C氏が登記簿を信頼したと主張しても、それは認められないのです。

　とくに中古物件の場合は、登記簿をそのまま信じることなく、念入りに調査する必要があります。

▶移転登記は売主と買主が共同して行なう

　売買契約の場合、通常、契約と同時に移転登記をし、その段階で引渡しも済ませます。移転登記手続きは売主、買主の双方の共同申請ですので、

売主にもその協力を請求します。書類申請の場合、具体的には、以下の書類を用意することになります。
① 登記原因証明情報
② 登記済証（権利証）または登記識別情報
③ 登記名義人の印鑑証明書（3か月以内に発行されたもの）
④ 住所証明書
⑤ 代理権証書（司法書士などに依頼する場合に必要）

①の登記原因証明情報とは、売買による所有権移転登記の場合、売買契約書等になります。

②の登記済証というのは、登記が完了したことを証する書面で権利証とも呼ばれます。登記が完了すると申請書のコピーまたは原因証書証明情報に登記済証と押印され、受付番号と年月日が記入されて返却されます。この返却された書類が登記済証です。

登記識別情報とは、オンライン庁で申請人に通知される12桁の英数字のことです。

③の登記名義人の印鑑証明書は、売主に不動産を売買する意思があるのかを確認するために添付します。

④の住所証明書は架空の人物や法人の名義で登記申請がなされることを防止するために添付します。

▶登記済証や登記識別情報を添付できないときは

平成16年の不動産登記法改正前には、紛失などで登記済証を添付できない場合には、保証書を2通提出して申請を行なうことができました。この保証書制度が廃止され、次の制度が新設されました。

①事前通知制度

登記済証や登記識別情報を添付しないで登記申請された場合、登記官は登記義務者に登記申請があったことを通知します。通知を受けた登記義務者は、申請のあったことが真実であれば2週間以内に申し出なければなりません。この期間内に登記義務者からの申出があれば、登記申請は受理されますが、申出がなければ、申請は却下されます。

②資格者代理人による本人確認制度

　①の事前通知制度を省略し、司法書士などの資格者である代理人が申請人と面談を行なって、真実の登記名義人であることを確認します。この際の本人確認情報が法務局に認められれば、申請は受理されます。

③公証人の認証

　申請する情報や書面について公証人の認証をもらい、登記官に認められれば、事前通知制度を利用しないで申請できます。

▶登記だけで安心せず引渡しを受けること

　登記だけでなく、実際の引渡しを受けることも同じように大切です。登記はあくまで「もめごとが起きたときのための武装」であって、もめごとそのものを防ぐには、一刻も早く自分の物を自分の支配下に収めることが大切です。不動産では、引渡しがこれにあたります。具体的には、引渡証を作成し、建物であれば鍵の受渡しをすることになります。

■表題部サンプル

【表題部】	（土地の表示）			調整　平成〇〇年〇月〇日		余白
【所在】	渋谷区神南5丁目			余白		
【①地番】	【②地目】	【③地積】 ㎡		【原因及びその日付】	【登記の日付】	
5番2	宅地	10000		5番から分筆	平成〇〇年〇月〇日	
【所有者】	渋谷区桜丘町5丁目2番地　〇〇〇〇					

■権利部サンプル

【権利部（甲区）】	（所有権に関する事項）			
【順位番号】	【登記の目的】	【受付年月日・受付番号】	【原因】	【権利者その他の事項】
1	所有権保存	平成〇年〇月〇〇日第〇〇号		所有者 渋谷区桜丘町5丁目2番 〇〇〇〇

【権利部（乙区）】	（所有権以外の権利に関する事項）			
【順位番号】	【登記の目的】	【受付年月日・受付番号】	【原因】	【権利者その他の事項】
1	抵当権設定	平成〇年〇月〇〇日第〇〇号	平成〇年〇月〇日金銭消費貸借同日設定	債権額　金5000万円 利息　金5％ 損害金　金10％ 債権者 渋谷区桜丘町5丁目2番 〇〇〇〇 抵当権者 新宿区大久保6丁目1番 〇〇〇〇

不動産売買契約締結の流れを知っておこう

▶不動産購入の手順

　ここでは不動産売買のおおまかな手順を見ておきましょう。

　まず、広告などで物件を調べ、仲介業者に依頼します。そして、物件の現地調査、売主についての調査、登記についての調査をします。できれば、業者任せにせず、自分で確認するようにしましょう。

　実際の購入手続きでは、業者から口頭の説明を聞き、重要事項説明書（35ページ）を受け取ります。その上で契約書を作成し、それぞれに売主・買主・保証人・立会人が署名・押印します。この時点で、売主に手付金や内金を支払い、住宅ローンの申込手続きをします。仲介業者への手数料をここで支払う場合もあります。

　契約書に記載された期日に契約内容を実行すると、売主から登記関係書類（実印が押印された登記手続委任状、有効期限内の印鑑証明書、権利証など）が買主に渡されます。ここで買主が代金を支払い、売主から領収書を受け取って手続きは完了です。その際に、物件引渡書や鍵の受渡しも行なわれます。

▶建売住宅と注文住宅では契約内容が異なる

　住宅を購入する場合、建築中あるいはすでに建築済みの建売住宅や中古住宅を購入する場合と、自己所有の土地に注文住宅を建築する場合があります。

　建売住宅などの場合は売主との売買契約を、注文住宅の場合は建築会社と請負契約を結ぶことになります。どちらの場合も、建物に欠陥があった場合、相手方に損害賠償を請求する権利があることは同じですが、売買契約では契約解除権があるのに対して、請負契約では契約解除まではできません。欠陥の補修を請求できるにとどまります。

なお、新築建物の基本構造部分の欠陥については、買主・注文者をとくに保護するために「住宅の品質確保の促進等についての法律」が制定されています。この法律は、新築住宅の請負契約や売買契約において瑕疵担保責任について特別の定めをすることで、住宅購入者の利益を図っています。

▶分譲マンションを購入するときの注意点

　マンションのことを、法律では区分所有建物といいます。部屋など買主が独占的に使用できる部分を専有部分といい、廊下、階段、エレベーター等、居住者が共同で使う部分を共用部分といいます。

　マンションでは一つの建物の中に複数の世帯が生活しているので、様々な利害が対立します。それらの調整のために「建物の区分所有等に関する法律（区分所有法）」が制定されています。さらに個々のマンションでは建物の利用や管理についての方法を定めた独自の管理規約があります。

　共用部分は居住者が共同で使うのが原則ですが、一部の居住者が共用部分を独占的に使用できる専用使用権が設定されている場合もあり、分譲時の契約、規約、管理組合の決議で決められます。

　マンションの所有者は、全員が管理組合のメンバーとなります。管理組合では、住人が集まって話し合い、マンションの利用や管理について管理規約を作ります。共用部分については、管理の方法や管理費を誰の負担とするかが重要な問題となります。

　また、管理組合では建物の老朽化対策として、修繕計画があるか、修繕積立金の確保は大丈夫かなどの点をチェックするようにします。

　なお、マンションの賃貸借については、上記の説明は必ずしもあてはまらないので注意してください。

賃貸借契約のしくみを知っておこう

▶賃貸借とは

　賃貸借は、賃貸人が賃借人に物を使用させ、賃借人が対価として賃料を支払う契約をいいます。自動車などの動産から土地・建物といった不動産まで、日常生活の中でも賃貸借契約は広く利用されていますが、最も重要なのは不動産の賃貸借です。不動産賃貸借、つまり土地や建物の賃貸借では、アパートやマンション、事業用テナントや駐車場などがその対象となります。さらに不動産の賃貸借は、住居用賃貸借と事業用賃貸借に分けられ、法律上の保護が異なります。

▶当事者の権利と義務

　ここでは賃貸人と賃借人の権利義務について見てみましょう。

①賃貸人と賃借人の義務

　賃貸人は、賃借人に目的物を使用収益させる義務を負います。賃借人は、賃貸人に賃料を支払う義務を負います。この賃貸人の義務と賃借人の義務は、価値的につり合ったものでなければなりません。賃料支払義務は、賃借人の義務の中心的なものです。賃料は、特約のない限り後払いです。

②用方遵守義務

　賃借人は、契約や目的物の性質によって定まっている用方にしたがって目的物を使用収益しなければなりません。

③賃貸人の修繕義務

　賃貸人は、目的物の使用収益に必要な修繕をしなければなりません。

④無断譲渡・転貸の禁止

　賃借人は賃貸人の承諾がなければ、賃借権を譲渡したり、目的物を他人に転貸（又貸し）できません。賃借人が賃貸人の承諾なく第三者に賃借物

の使用収益をさせたときは賃貸人は契約を解除することができます。
⑤**信頼関係による保護**

　賃貸借契約は、貸主と借主の信頼関係を基礎として成り立っています。契約内容についての不履行があったとしても、背信的行為と認められない限りは、すぐには賃貸借契約を解除できません。

▶どんな法律で規定されるか

　賃貸借について規定している法律は民法と借地借家法ですが、その違いを見てみましょう。

①**民法**

　賃借権は債権ですから、賃貸人に対する請求しか認められません。仮に、宅地の賃貸借で、地主がその土地を他人に譲渡したとすると、宅地に家を建てて住んでいる賃借人は、新地主には宅地の賃借権を主張できず、地上建物の収去を請求されることになります。そこで、不動産の賃貸借は、登記をすれば第三者に賃借権を主張できることにしました。

②**借地借家法**

　登記をすれば第三者に賃借権を主張することができるといっても、賃借人が登記するには、賃貸人の協力が必要です。賃貸人が協力してくれればよいのですが、協力してくれなければ登記をすることができなくなります。

　このような登記できない場合の賃借人を保護するために、借地借家法が制定され、民法の原則を変更して、賃借人をより手厚く保護しています。不動産の賃貸借は、借地借家法によって規制されています。借地借家法に反する契約で、賃借人に不利な部分は無効となります。

　なお、現在の借地借家法は平成4年8月1日から施行されていますが、それより前に締結された契約については借地法と借家法が適用されますので注意してください。現在の借地借家法と以前の借地法・借家法では存続期間などに違いがあります。

 借地契約の内容について知っておこう

▶借地権の具体的な中身はどんなものか

借地契約によって借地人に発生する権利の内容について、具体的に見てみましょう。

①借地権を規制する法律

一般に「借地権」と呼ばれる権利は、細かくいうと地上権と賃借権に分かれますが、いずれも、建物など（工作物という）を所有するために、他人の土地を使用できる権利であるという点は同じです。

これらの権利は、ともに、原則として民法による規制を受けますが、建物の所有を目的とする場合については、借地借家法の規定が優先されます。なお、平成4年8月1日より前に契約されたものについては、現在の借地借家法ではなく、それ以前の借地法と借家法が適用されますので注意が必要です。

②借地権を主張する条件

借地権を第三者に主張するためには登記が必要です。地上権は、地主に登記をする義務がありますが、賃借権の場合は、必ず登記をしなければならないというわけではなく、地主が賃借人からの要請に協力して登記をする程度にとどまります。

しかし、借地権の登記をしなくても、借地の上に建てた建物の登記をしておけば、地上権、賃借権を登記した場合と同様に第三者に権利を主張することができます。

③借地の存続期間

借地権の有効期間（存続期間）は30年です。期間が満了した場合には契約を更新することもできます。最初の更新では、更新後の期間は20年、再度の更新では10年となります。これらの期間は、契約でさらに長く設定することもできます。

なお、期間を定めないで借地契約を結んだときには存続期間は30年とみなされます。

▶定期借地権という特殊な借地権も増えてきた

定期借地権とは、更新や期間延長のない借地権のことです。つまり、土地を利用する期間が決まっている場合の借地権を指します。

地主が土地を他人に貸すと、なかなか返してもらえないという現実があるため、地主は、土地を貸すときに、高額の権利金を要求します。しかし、土地を借りる人は、それほど長い期間でなくてもよいから、安い資金で土地を借りたいと考えることもあるでしょう。

そこで、通常の借地権のほかに定期借地権制度が制定されたのです。定期借地権には、以下の3類型があります。①の定期借地権は、契約締結時に公正証書（40ページ）などによる等の書面によって締結しなければなりません。③の事業用借地権は、公正証書にする必要があります。

①**長期型定期借地権**

通常、居住用の家屋を建築するための借地として利用される借地権です。一般にいわれる定期借地権は、この長期型定期借地権のことです。ａ存続期間が50年以上、ｂ契約の更新や存続期間の延長はなし、ｃ建物の買取請求をしない旨を定めることもできる、という特徴があります。

②**建物譲渡特約付借地権**

主に居住用のマンションを建築するための借地として利用される借地権です。ａ借地権の設定後30年以上経過した時に、借地権を消滅させるために、借地上の建物を相当の対価で貸主に譲渡することをあらかじめ約束しておく、ｂ借地権消滅後も借地権者や建物の賃借人が建物の使用を継続している場合には、その継続を請求できるという特徴があります。

③**事業用借地権**

主に郊外の外食産業や量販店などの業種に利用されている借地権です。事業目的から、存続期間を10年以上20年以下という短期に設定しなければなりません。借地人の契約更新請求や建物買取請求権が認められず、更新拒絶にも「正当の事由」は必要ありません。

借家契約のしくみを知っておこう

▶借家権の具体的な内容は

　借家契約とは、住居用建物の賃貸借契約のことです。長期間にわたる契約ですから、貸主と借主の間の信頼関係がベースになります。

　建物の貸主は、借主が建物を使用収益するのに適した状態に置かなければなりません。つまり、貸主は、建物の使用収益に必要な修繕をし、本来貸主が負担すべき費用はもちろん、借主が支出した必要費についても負担する義務があります。一方、借家人は、定められた用方に従い、借家人として通常するべき注意をしながら使用しなければなりません。

　以下、借家権の具体的内容について見てみましょう。

①借家権を規制する法律

　建物の賃貸借契約については、借家人保護のため、民法に優先して借地借家法が適用されます。

②借家契約を主張する条件

　借家人が、借家契約の存在を第三者に主張するには、本来なら借家契約を登記することが必要ですが、この登記は、実際にはあまり行なわれていません。そこで、借家契約の登記をしていなくても、借家人が建物の引渡しを受けていれば、第三者に借家権を主張できることなっています。

③借家契約の存続期間

　平成11年の借地借家法の改正により借家契約の存続期間が20年を超える場合が有効となりました。逆に、1年未満の期間で契約した場合には、存続期間の定めがない契約とみなされます。

④借家契約の更新

　借家人を保護するため、借家契約は更新されやすいようになっています。契約上の存続期間が満了しても、期間終了の1年前から6か月前までの間に貸主から借主に更新拒絶の通知をしないと、従前の契約と同一の条

件で更新したものとみなされるのです。貸主が更新を拒絶するには、貸主の側に更新を拒絶する正当な事由があることが必要です。

▶定期借家権とはどのようなものか

　「一度貸したら返してもらいにくい」のは、土地も建物も同じです。そこで、定期借地権の場合と同様、「貸しやすい・借りやすい」状況を作り出すため、借家契約の場合にも、更新のない賃貸借が認められています。これを定期借家契約といいます。

　たとえば、３年間の海外勤務の間だけ自宅を他人に貸したいとか、古くなった建物を取り壊すまでの間だけ貸したい、という場合に定期借家契約が利用されます。

　定期借地契約と同様、定期借家契約も、公正証書による等、書面によって契約しなければなりません。

▶家主や借家人の変更には相手方の承諾が必要か

　家主の死亡や建物の譲渡などによる家主の交代については、借家人の承諾は必要ありません。

　一方、借家人が賃借権を第三者に譲渡するには、原則として家主の承諾を得る必要があります。家賃の支払いや建物の取扱いは、借家人の人柄にかかってくるからです。ただ、たとえば、兄弟や親戚の面倒を見るために一時的に借家に同居させるなど、家主との信頼関係を損なわないような使い方であれば、それを理由に家主が解約することはできません。

▶契約解除時の敷金返還について

　敷金については、家賃の滞納分、損害賠償金など賃貸借契約から発生する賃貸人が賃借人に対して有する一切の債務を差し引いて返還することが認められています。契約書にも明記しておくとよいでしょう。

　また、敷金を返したのに借家人が部屋を出ていかないというトラブルがよくあります。敷金は建物の明渡し後に返還するということを契約書に明記しておくべきです。

第2章

安心できる契約の仕方と手続き

1 欠陥トラブルはどう解決すればよいのか

▶売買契約と請負契約の違いをおさえる

　契約についての一般的な事項については、民法に定められています。その規定上、売買契約と請負契約とでは瑕疵（欠陥）判明時の責任の追及方法に違いがあります。ここで請負契約とは、当事者の一方がある仕事を完成することを約束し、相手方がその仕事の結果に対して報酬を払うことを約束することによって成立する契約です。建築業者に家を建ててもらう場合などが典型的です。

　どちらの契約の場合でも損害賠償の請求ができます。ただ、売買契約と請負契約とでは請求可能期間が違います。売買契約なら買主が事実を知った時から１年以内、請負契約の場合は建物の引渡しから、木造なら５年以内、鉄筋コンクリート造りや煉瓦造りなどの場合は１０年以内です。

　損害賠償以外の責任の追及についても、売買契約と請負契約とで違いがあります。売買契約なら、瑕疵（欠陥）のために売買の目的を達することができない場合には契約解除ができます。こちらも買主が事実を知ってから１年以内に行なう必要があります。そこまで重大な瑕疵とはいえない場合は、損害賠償だけの請求になります。

　請負契約であれば、原則として請負人に対して相当期間を定めて瑕疵の補修を求めることができます。しかし、瑕疵が重要なものではなく、補修費が高くつく場合には、補修請求できないとされていますので注意が必要です。また、請負契約で建物を建てた場合、瑕疵の程度がいかに重大であっても、契約解除はできません。

　もっとも、瑕疵は契約上の問題ですので、原則として民法の規定より契約書のほうが優先されます。契約書を確認せずに契約した場合など、後で契約書についている約款に瑕疵担保責任について買主や建主に不利な条項が盛り込まれていることに気づくということがあります。後で泣きをみな

いためにも、くれぐれも契約は慎重に、細かい点まできちんと決めておきましょう。わかるまで何度でも説明してもらい、あいまいな表現はわかりやすい明確な表現に訂正してもらうほうが無難です。

▶「売建て」契約について

また、売買契約と請負契約の双方を結ぶことになる建築条件付売買（「売建て・売建住宅」と呼ばれる）の場合は、土地の売買代金と建物の工事代金とが一括して決められています。

建築条件付売買というのは、土地売買の際にあらかじめ特定の建築会社に建築を依頼することが条件としてついている契約のことです。

この場合、代金が最初に一括して決まっているため、建物の設計図、仕様書、見積り、工事代金などの建築条件が不明瞭なことが多く、トラブルになりがちです。建物内容などの詳細まで細かく確認して契約書を交わすようにしましょう。

▶契約書は欠陥解決の強い味方である

売買契約書や工事請負契約書、設計契約書など各種契約書には、欠陥解決についての重要な事柄が満載されています。欠陥が判明した場合には、まずは契約書を手元に用意して内容を吟味していきます。

まず、契約の締結日は解釈の基本なので、最初に確認しておきます。

次に、契約の種類が「売買契約」か「請負契約」かを確認します。通常、建売住宅は売買契約、注文住宅は請負契約であることが多いといえます。契約の種類の違いが、法律で定められた責任追及の期間などにも関わってきます（前ページ）。

そして瑕疵担保責任についての項目を確認しておきましょう。売主の責任について記載されていれば、その存続期間をチェックします。存続期間内であれば、安心して損害賠償などを求められます。

なお、住宅の品質確保の促進等に関する法律施行以降の新築住宅の場合は建物の基本構造部分について10年間の瑕疵担保責任が認められます。中古住宅の場合でも、売主は原則として瑕疵担保責任を負います。しか

し、中古住宅の契約書には「現状有姿売買」の文言がある場合が大半です。中古住宅での泣き寝入りを防ぐには、契約締結時に見えない瑕疵についての責任を売主がどの程度負うのかを確認しておくことが大切です。

　売主独自の保証制度や性能保証機構発行の性能保証書がついている物件の場合は、記載されている内容を確認しておきます。とくに大切なのは「どの部分をいつまで保証してくれるのか」、「どういうアフターサービスをいつまで受けられるのか」という点です。

　なお、特定住宅瑕疵担保責任の履行の確保等に関する法律が、平成19年5月30日に公布されました。この法律では、住宅を供給する事業者に対して保証金を払うことを義務づけました。あらかじめ保証金を払うことにより、瑕疵担保責任を確実に履行させ、住宅を購入した買主を保護することを目的とするものです。ただし、この法律が施行されるのは、公布後2年半以内となっています。

　工事請負契約書の場合は、売買契約書で確認が必要な項目に加えて、工事内容と設計図書、紛争処理の項目などを確認します。設計図書と工事内容を照合することで、欠陥を明らかにすることができます。

　また、設計者との契約の際に、設計契約とともに工事監理契約（設計図書どおりに施工が行なわれているかを確認し、欠陥の発生を未然に防ぎ、関連業務として施工者選びのアドバイスや工事代金に関するチェックを行なうなどの役割を依頼する契約）も締結している場合には、工事の監理も設計者が行なうことになります。この場合、通常の設計契約と違い、設計図書受領以降も契約関係が継続します。設計が済んだ後も施工監理を設計者が担当することになりますので、欠陥判明時にはまず、監理者である設計者に欠陥の是正を依頼します。たとえ設計ではなく施工に原因のある欠陥だったとしても、施工監理が不十分だったともいえますので、監理者に対応してもらいましょう。

　契約書は、契約時にしっかりと確認して契約したのか安易に契約したのかの差で、万一の時に自分の味方となってくれるかどうかが変わってきます。くれぐれも安易に契約することのないように、契約時によく確認するようにしましょう。

契約書はどのように作ればよいのか

▶契約書作成上の注意点は

　売買、賃貸借を問わず、法律上、契約書がなくても契約は有効に成立しますが、価値の高い不動産を売買・賃貸借するのに契約書を作らないなどということは、事実上あり得ないといってよいでしょう。

　売買契約書を作る実質的な意味は、①契約の事実があったことの証拠を残すため、②契約内容に行き違いがないことを明らかにするためです。

　一般に、契約書を作成するときの注意点を確認しておきましょう。

・必ず当事者の数だけ作る

　1通しか作成せず、一方当事者がそれを補完して、他方当事者はコピーで済ませるというのは、たいへん危険です。万一訴訟になった場合、コピーでは証拠としての価値が認められない場合も考えられますし、原本を持っているほうの当事者が紛失・改ざんしないという保証もありません。証拠のために作るものなのですから、当事者各人が「本物」を保管するべきです。

・法律上当然のことでも契約書に記載したほうがよい

　合意内容をもらさず記載するのはもちろんですが、とくに契約書に明記しなくても、法律上当然に認められる権利というものがあります。たとえば、買主がいつまでたっても代金を支払わない場合、売主に契約解除権や損害賠償請求権が発生するというようなことは、とくに契約書に記載がなくても法律上認められます。

　しかし、そうした当然のことでも、契約書に明記するべきです。契約書に記載があれば一目瞭然で、もめる余地がなくなりますし、お互いを心理的に拘束する効果もあるからです。

▶契約書の作成にはパターンがある

　契約書の作成形式は、原則として自由ですが、おおよそのパターンがありますから、知っておきましょう。

①表題（タイトル）
　契約内容が一目でわかるように、たとえば売買契約なら「土地売買契約書」というように書きます。

②前文
　個々の契約条項に入る直前に、「○○○○（以下「甲」という）と○○○○（以下「乙」という）は、次のとおり、○○○契約を締結する」といった文章を置くのがふつうです。

③当事者の表示
　売買なら売主と買主、賃貸借なら賃貸人と賃借人を表示します。
　個人であれば住所と氏名、会社などの法人であれば本店（本社）所在地と法人名で特定します。

④目的条項
　第1条として、契約の趣旨・目的や目的物の内容を具体的に記載します。前文に盛り込んでしまう場合もあります。

⑤契約の内容
　どんな権利が発生し、どんな義務を負うのかを記載します。

⑥作成年月日
　契約の成立日を証明する記載として、大変重要です。日付は、契約の有効期間を確定したり、正当な権限の下に作成されているかどうかを判定したりする基準になります。実際に契約書を作成した日を記載するようにしましょう。契約が成立した日付を公に証明したい場合には、公証役場で確定日付をもらう方法があります。

⑦署名押印（記名押印）
　個人の場合は、その住所を記載し、署名・押印（または記名押印）をします。法人の場合には、本店所在地・法人名を記載し、代表者が署名・押印します。印鑑は、実印が望ましいでしょう。

⑧物件目録

契約の対象物を特定するためにとても重要です。不動産の場合、登記簿に記載された物件の表示を記載して物件を特定します。
⑨収入印紙の貼付
契約書を複数作成する場合には、それぞれに印紙の貼付が必要です。
⑩後文（作成通数の記載）
「この契約の成立を証するため、本書２通を作成し、各自署名押印の上各１通を保有する」というのが決まり文句です。

▶ぜひ盛り込みたい契約条項には何があるか

法律上当然の権利や義務でも、大切なことは契約条項に記載したほうがよいでしょう。
①契約一般について
やはり、トラブル条項がメインとなります。
・契約解除
契約の解除権には、法定解除権と約定解除権があります。
法定解除権は、債務不履行があった場合などに、法律上当然に認められます。債務不履行というのは、たとえば、売買契約の分割払い代金が途中から滞った、賃貸借契約の家賃が滞った、などのことを指します。ただし、相手に契約違反（債務不履行）があっても、まずは履行の催告（請求）をしてからでなければ解除できません。
約定解除権は、当事者の合意により認められるものです。たとえば、契約違反による解除について、催告なしでも解除できるという特約をつけることもできます。
・損害賠償
契約違反によって損害が生じたときは、相手方にその賠償を求めることができます。これは法律上の権利ですが、当事者の合意により、あらかじめ損害賠償額を定めておくこともできます。
・保証人条項・相殺の予約・公正証書の作成
契約の拘束力を強める効果が期待できます。
・諸費用の負担

取引によって生じる費用や税金の負担などをどのようにするかを明確に定めておくべきです。

・**裁判管轄**

契約上の争いについて裁判所の判断を求める際には、原則として相手方（被告）の住所地を管轄する裁判所に訴えなければなりませんが、相手方の住所が遠隔地の場合には、多額のコストがかかってしまいます。これを避けるため、特約によってあらかじめ第一審の管轄裁判所を定めることができます。

・**協議条項**

「規定外の事項が発生したときには互いに誠意をもって協議する」といった内容を記載します。とくに意味のある条項ではありませんが、記載するのが慣例です。

②**不動産売買契約について**

不動産売買の契約書でとくに確認すべきところは、a代金額、b手付金の額、c代金の支払方法（持参か振込みかなど）、d分割払いの場合の各支払期限と支払金額、e瑕疵担保責任（102ページ）についての取り決め、f所有権移転登記についての取り決めなどです。

③**不動産賃貸借契約について**

不動産賃貸借契約の場合は、a賃借料滞納時の契約解除権に関する条項、b建物の修繕などに関する賃貸人の義務と費用負担に関する条項、c賃借権の譲渡や又貸しに関する条項、d契約更新と更新料などに関する条項、e契約解除時の明渡しに関する条項などが重要です。

▶手付金とはどんなものなのか

買主が支払った手付金は通常、買主の場合はこれを放棄し、売主の場合はその倍額を返還することで契約を白紙に戻すためのものです。これに対し、契約に先立って買主が売主や業者に支払うお金は、「申込証拠金」といって、手付金とは異なります。契約に至らなかったときは、買主に返還されるのが原則です。ただ、領収書に「手付金として」という記載があると、手付金とみなされてしまうことがあるので十分な注意が必要です。

3 不動産業者との契約ではどこに注意すればよいのか

▶まずは宅建業者の適否を調べる

　不動産業者との契約では、その業者が信頼できる業者かどうかが最も重要です。

　不動産取引には、宅地建物取引業者（宅建業者）としての免許が必要で、事務所に宅建業者票を掲げることが義務づけられています。また、事務所には、宅地建物取引主任者を置かなければなりません。

　宅建業者票の免許証番号欄のカッコ内には、免許の更新回数を意味する数字が記載されています。この数字が大きいということは、免許取消の処分も受けることなく長い間営業してきた老舗であることの証明です。よい宅建業者を見分ける一つの目安になるでしょう。

▶仲介手数料と媒介契約の形態には十分注意する

　不動産仲介の報酬の上限は、売買代金が400万円を超える場合、物件価格×3％＋6万円（＋消費税）です。媒介契約には、一般媒介契約・専任媒介契約・専属専任媒介契約があります。有効期間は、法律上一般媒介契約では定められておらず、専任媒介契約・専属専任媒介契約では3か月以内で、更新時も同様です。

①**一般媒介契約**

　一般媒介の場合、依頼者は同時に複数の業者と契約できます。

②**専任媒介契約**

　専任媒介の場合、依頼者は1社としか契約できません。その代わり、業者には2週間に1度の活動状況報告義務が生じます。

　専任媒介契約の場合、自分で見つけた相手（親族に売る場合もこれにあたる）と仲介抜きで売買することはできますが、その際は業者にかかった費用を弁償しなければなりません。また、他の業者から紹介された相手と

契約した場合には、専任の業者に対して仲介料と同額の違約金を支払わなければなりません。

③専属専任媒介契約

この場合、売主は1社としか契約できないだけでなく、自分で見つけた相手と仲介抜きで契約することも制約されます。これに違反すると、仲介料と同額の違約金を支払わされることになります。②との主な違いは、活動状況報告義務が1週間に1度になる点です。

②や③のほうが業者に力を入れてもらいやすいのは当然ですが、窓口を広げておく一般媒介契約にもそれなりのメリットがありますので、いちがいにはいえません。

▶業者が売主のときは、業者には金銭について規制がある

業者が売主になっている場合、つまり売主＝プロ、買主＝素人という関係の場合は、買主に対してより手厚い保護が必要になります。

そこで、宅建業法では、手付が高額になった場合に、その金額について金融機関による保証を義務づけたり、手付金を原則として目的不動産の額の2割までにするといった規制を設けています。

さらに、営業保証金の制度があります。営業保証金とは、業者と買主の間で紛争が発生した場合に備えて、業者があらかじめ供託所（法務局にある）に預けておくことを義務づけられている金銭のことです。業者が買主に損害賠償をしない場合には、営業保証金の中から賠償金が支払われます。

営業保証金制度については、契約にあたって事前の説明義務が業者に課されています。

■媒介契約の種類

一般媒介契約	複数の業者と契約をすることができる
専任媒介契約	一つの業者としか契約できない。自分で見つけた相手と仲介抜きで契約ができる。ただし、かかった費用を業者に賠償する
専属専任媒介契約	一つの業者としか契約できない。自分で見つけた相手と仲介抜きで契約はできない。

4 重要事項の説明を受けたら、調印から履行へと進む

▶重要事項についての説明を受ける

　不動産を契約するときに、重要事項説明書という書類をもらいます。これは契約書と同じくらい重要な書類です。目的物の法律関係、所在地などのほか、完成時の建物形状や構造などが記載されています。

　不動産の専門家である宅地建物取引主任者が物件や取引の内容について重要な事項を説明させ、書面として残すことになっています。宅地建物取引業法35条の規定により、契約時までに宅建主任者が書面を用意し、1項目ずつ読み上げて説明します。

　重要事項説明書は、売買契約時に交付、説明されることがほとんどです。できれば、業者に頼んで契約前にコピーをもらうなどして、入念に内容を確認し、疑問点はすべて問い合わせ、必要があれば説明書に盛り込んでもらいましょう。また、現地へ足を運び、重要事項説明書の内容通りかどうか自分の目でも確認しておく必要があります。

▶業者に損害賠償請求できる場合もある

　宅建業者が重要事項の説明義務に違反していたことを理由として、業者に損害賠償を請求できる場合もあります。

　たとえば、以下のような場合が考えられます。

①購入した住宅に宅建業者の説明になかった借家人が住んでいた。

②電気・ガス・水道などの施設の整備状況について説明がなかった。あるいは、その施設について特別な負担金が課されている、または将来課されることが予見されているのに、その説明がなかった。

③広告に「築5年」とあったのに、実は築10年だった。

　ただ、築年数が表示と異なっていても、売家自体の欠陥や問題点が見当たらないのであれば、売買契約を解約するほどの正当な理由とはなりにく

いといえます。したがって、売主に対する解約はできません。

▶契約書に調印したら代金の支払や目的物の引渡しをする

　不動産売買などの契約書は2通作成し、両方に調印します。当事者双方が、それぞれ正本（原本）を保管するためです。契約書に調印するときは、売主・買主双方のほか、保証人と立会人が署名します。保証人と立会人には、契約書のコピーを渡して保管してもらいます。
　契約履行の際に必要となる書類には、次のようなものがあります。
① 　領収証
② 　物件引渡書
③ 　売主の印鑑証明書（日付の新しいもの）
④ 　登記手続委任状と登記済証（権利証）または登記識別情報
⑤ 　③・④と引き換えに渡す買主からの書類受領書
　これで、不動産売買契約の履行は完了です。この後、買主は受け取った登記関係書類（情報）によって所有権移転登記を行ないます。

▶代理人と契約する場合には十分注意する必要がある

　相手方本人でなく代理人と契約を結ぶ場合は、細心の注意を払わなければなりません。代理権がないのに代理人として契約を結んだ場合、「無権代理」といって、その契約は原則として無効になってしまいます。ですから、相手方の代理人と契約を結ぶ場合には、その人に正当な代理権があることを確認しなければなりません。代理人を立てる方は、印鑑証明付きの委任状や代理権授与証明書などで代理権を証明し、契約書に添付するのが常識です。場合によっては、代理権の有無について本人に確認する必要もあるでしょう。
　しかし、万一代理権のない者と契約を結んでしまった場合でも、すぐに泣き寝入りしてはいけません。無権代理が行なわれたことについて、相手方当事者本人にも責任があり、代理権があると信じて無理もないような事情がある場合には、例外的に無権代理人による行為を有効なものとして扱う制度（表見代理という）があるからです。

■重要事項説明書サンプル

重要事項説明書

平成○年○月○日

○○○○　殿

　下記の不動産について、宅地建物取引業法第35条の規定に基づき、次のとおり説明します。この内容は重要ですから、十分理解されるようお願いします。

商号又は名称	株式会社　○○不動産
代表者の氏名	代表取締役　○○○○　㊞
主たる事業所	○○市○○町○-○-○
許可証番号	国土交通大臣 知事　（　）第○○○○号

免許年月日

証明する 宅地建物 取引主任者	氏名	○○○○　㊞
	登録番号	○○知事第○○○○号
	事業に従事 する事務所	電話番号（　）　　-

取引の態様 （法第34条第2項）	売買・交換
	当事者・代理・媒介（仲介）

物件の表示	土地	所在地	①○○市○○	番地　○番	地目　宅地	地積　150㎡
			②（私道部分）同上	○番	宅地	100㎡うち共有持ち分1/5
		実測面積	①150㎡	登記簿面積	①150㎡	
			②100㎡うち共有持ち分1/5		②100㎡うち共有持ち分1/5	
	建物	住居表示	○○市○○町○○丁目○番○			
		家屋番号	未登記	床面積	1階　○○　　㎡	
		種類及び構造	木造瓦葺2階建		2階　○○　　㎡	
売主の住所・氏名		○○市○○町○-○-○	株式会社○○不動産			

土地は平成○年○月○日　取得済

1 登記簿に記載された事項		所有権に関する事項		所有権以外の権利に関する事項
		（甲区）	所有権にかかる権利に関する事項	（乙区）
	土地	名義人	氏名　○○○○ 住所　○○市○-○-○	抵当権者 　○○銀行○○支店 　○○市○○町○-○-○ 債権額　5,000万円 債権者　○○　○○
	建物	名義人	氏名　未登記 住所	

8	契約の解除に関する事項	
（1）契約の相手方が契約の履行に着手するまでは、買主は手付を放棄し、売主はその倍額を返還して、契約を解除することができる。		
（2）後記12「金銭の貸借のあっせん等」の欄に記載された融資が否認された場合は、買主は契約を解除することができる。この場合、売主あてに支払った金員全額は買主に返還される。		
9	損害賠償額の予定又は違約金に関する事項	
債務不履行により契約が解除された場合は、売主は受領済の全金額を買主に返還するとともに、契約代金の10％の違約金を支払う。また買主の場合は売主に契約代金の10％の違約金を支払う。		
10 手付金等の保全措置の概要（業者売主の場合）		
保全の理由	未完成物件・完成物件	
保全の方式	保証委託契約・保証保険契約・手付金等預託契約等・手付金等預託契約及び質権設定契約	
保全措置を行う機関	株式会社○○信用保証	
11 支払金又は預かり金の保全措置の概要		
保全措置を講ずるかどうか	講ずる・講じない	
保全措置を行う機関		
12 金銭の貸借のあっせん等		

あっせん内容	業者のあっせんの有・無	有・無	有・無
	融資取扱金融機関	○○銀行○○支店	
	融資額	○○○○万円	
	融資期間	○○年	
	利率	○．○○％	
	返済方法	ボーナス併用、元利均等等返済方式	
	保証料	○○万円	
	ローン事務手数料	○万円	
	その他		
金銭の貸借が成立しないときの措置		前記8「契約の解除に関する事項」（2）に同じ	

上記物件の説明を受け　重要事項説明書を受領しました。
平成○年○月○日　　　住所　○○市○○町○-○-○
　　　　　　　　　　　氏名　○○　○○　㊞

5 注文住宅の建築請負契約の注意点について知っておこう

▶建築請負契約を締結する

　実際に建設にとりかかる段階では、建築業者と契約（請負契約）を交わします。契約書に盛り込む内容については、国土交通省の中央建設業審議会が製作した契約書のモデル（「民間建設工事標準請負契約約款（乙）」と呼ばれている。212ページ）がありますので、それを使って作成するとよいでしょう。これは、文房具店などに置いてあります。また、万一工事業者が途中で倒産したりした場合のことを考え、工事費を出来高に応じた支払いにしたり、工事完成保証人を立てさせるよう設計者に交渉してもらいましょう。建設業法には、請負業者は、注文者からの要求があれば保証人を立てなければならないと定められていますので、遠慮することはありません。

▶建売住宅で注文が可能な場合もある

　建売でも建築内容に注文が可能な場合があります。また、自由に設計を注文できる売建住宅（27ページ）というものもあります。こういった物件を購入する場合には、契約は土地と建物について別々にするようにしましょう。

　注文可能な建売住宅の場合、または売建住宅の場合、売主と買主の間で売買契約を交わし、そこに売主と工事会社が締結した請負契約書と請負契約約款の写しを添付します。売主に代わって工事会社に異議申立てができることもあります。

　契約時に注意すべき点としては、代金支払時期とその方法、所有権移転登記の時期、目的物の引渡時期を明確にすることです。また、契約書に、売主の瑕疵担保責任をしっかり明記してもらいます。

6 契約書を公正証書にしておくと大きなメリットがある

▶公正証書とはどんなものか

　公正証書というのは、公証人という特殊な資格者が当事者の申立てに基づいて作成する文書で、一般の文書よりも強い法的な効力が認められるものです。

　公正証書で契約書を作成することのメリットは、万一のトラブルで裁判になったとき、有力な証拠になる点、金銭の支払いを請求する場合に、強制執行（国家機関である裁判所が権利者の権利内容を強制的に実現してくれる手続き）ができる点です。

　なお、契約書を公正証書にすることで強制執行ができるようにするためには、以下の二つの条件が必要です。
①請求内容が一定額の金銭や有価証券の支払いであること
②契約書に「債務を履行しない場合には強制執行を受けても文句は言わない」という記載がなされていること

　②の記載を、執行受諾文言（執行認諾約款）といいます。執行受諾文言は、公正証書に基づいて強制執行を行なうためには欠かすことのできない文言ですから、忘れずに記載するようにしましょう。

▶公証役場で作ってもらう必要がある

　公証人がいる場所を公証役場といいます。公正証書を作成するには、公証役場へ行きます。場所がわからない場合には、日本公証人連合会（03-3502-8050）に電話をすれば教えてもらえます。

　公正証書を作成してもらうには、契約当事者双方が一緒に公証役場に出向かなければならないのが原則です。公証役場では、本人確認のために発行後3か月以内の印鑑証明書を持参する必要があります。

　ただし、代理人を立てることは可能です。代理人に行なってもらうため

には、本人が発行した委任状と本人の印鑑証明書、さらに代理人の印鑑と印鑑証明書などが必要です。契約当事者が会社などの法人である場合には、法人の代表者の資格証明書（商業登記事項証明書など）と法人の代表者印およびその印鑑証明書が必要です。

▶不動産に関わる公正証書契約での注意点は何か

ここでは公正証書を利用するにあたっての注意点を見ていきましょう。

①借地契約

借地契約では、契約書の中に目的物の用法を明記する必要があります。なぜなら、借地の使用目的の違いにより、借地借家法が適用されるかどうかが決まるからです。

また、事業用借地契約では、必ず公正証書の契約書を作成しなければなりません。定期借地契約は書面によれば必ずしも公正証書による必要はありませんが、公正証書が利用されるのが一般的です。

定期借地契約の場合には、期間を50年以上とし、契約書の中に、a契約の更新を認めない旨、b建物築造による存続期間の延長がない旨、c建物買取請求の禁止の三つを盛り込む必要があります。

②借家契約

契約の更新をしないこととする定めを置く定期建物賃貸借契約も、書面によれば必ずしも公正証書による必要はありませんが、公正証書により作成されるのが一般的です。

③抵当権設定

被担保債権と担保権設定に関する契約を盛り込むことによって、担保物権に対する優先弁済的効力を取得するとともに、執行力も確保できます。

抵当権の効力を第三者に対抗（主張）するには登記が必要ですが、登記がないときでも、公正証書化しておくと、競売の申立て自体は認められます。

7 印紙についての常識を知っておこう

▶印紙税額はどうなっている

　契約書には印紙を貼り付ける必要があります。ほとんどの契約書に印紙が必要で、契約の種類や内容によって印紙税額が異なります。すべての原本に貼り付ける必要があります。また、取引者が会社などの商人の場合、一定額以上の領収書にも印紙を貼付しなければなりません。

■不動産契約に関する印紙税額一覧表

契約書の種類	税額（単位：円）		
不動産の譲渡に関する契約書	記載金額		
	1万未満	非課税	
	10万以下	200	
	50万以下	400	
	100万以下	1,000	
	500万以下	2,000	
	1,000万以下	10,000	
土地の賃借権・地上権の設定、譲渡に関する契約書	5,000万以下	20,000	(15,000)
	1億以下	60,000	(45,000)
	5億以下	100,000	(80,000)
	10億以下	200,000	(180,000)
	50億以下	400,000	(360,000)
	50億を超えるもの	600,000	(540,000)
	記載金額のないもの	200	
請負に関する契約書	記載金額		
	1万未満	非課税	
	100万以下	200	
	200万以下	400	
	300万以下	1,000	
	500万以下	2,000	
	1,000万以下	10,000	
	5,000万以下	20,000	(15,000)
	1億以下	60,000	(45,000)
	5億以下	100,000	(80,000)
	10億以下	200,000	(180,000)
	50億以下	400,000	(360,000)
	50億を超えるもの	600,000	(540,000)
	記載金額のないもの	200	

※平成9年4月1日から平成21年3月31日までの間に作成される契約書についてはカッコ内の金額となります。なお、建物の賃貸借契約書、抵当権設定契約書には、印紙税はかかりません。

8 不動産売買契約を守らない、守れないときはどうする

▶売主が契約を守らない場合に買主は何ができるか

　売主に責任のある理由で契約が正常に履行されない場合、買主は契約を解除したり、損害賠償を請求することができます。契約解除権や損害賠償請求権が発生する理由としては、次のようなものがあります。

①**約束の日に契約が履行されなかった（履行遅滞）**

　契約で定めた期日に契約内容が履行されなかった場合、買主は売主に対してまず契約を履行するように催促（催告という）します。それでも履行されなければ、契約を解除することができます。

②**契約の一部または全部が履行できなくなった（履行不能）**

　家屋を買主に引き渡す前に売主が使用中、不注意から火災になり住めない状態にしてしまった、というようなことが考えられます。

③**契約は履行されたが何らかの問題があって、契約目的を達成できない（不完全履行）**

　家屋は引き渡されたが、内部の仕様が注文した内容と違っていたというような場合です。あとから注文どおりに直すことが可能であれば履行遅滞の問題となり、不可能であれば履行不能の問題となります。

▶買主が契約を守らない場合に売主は何ができるか

　買主が契約違反を犯した場合には、売主から契約の解除や損害賠償の請求ができます。

　代金支払いが遅れたときの遅延賠償金を年率何パーセントにするか、そして買主が契約を破棄した場合の違約金をいくらにするかについては、あらかじめ契約書の中に条項を盛り込んでおくのが一般的です。

　なお、宅建業者の自社物件売買における遅延賠償金や違約金は、代金総額の２割以内と制限されています。仮に代金支払いが遅延した後で契約が

解除された場合でも、遅延損害金と違約金を合計した額は代金総額の2割以内でなければなりません。

▶クーリング・オフなら適法に解約できる

　買主が、「適法に契約を破棄する」方法があります。クーリング・オフができる場合です。住宅展示場へ行った際、その気になって申込書に印鑑を押してしまったが、後で冷静になって考え直し、申込みを撤回したいというような場合などに利用できます。

　クーリング・オフは、売主が不動産業者（宅地建物取引業者）で、買主が申込みや契約を業者の事務所以外の場所で行なった場合に認められます。この制度が予定しているのは、現地案内所や招待旅行の途中、訪問販売など落ち着いて考えることができないような状況で申込みや契約をした場合ですから、たとえば、宅建業者の事務所以外の場所であっても、以下のような場合には適用できません。

①取引主任者のいる現地営業所や分譲案内所（仮設のものを除く）で申込みや契約をした場合
②買主の求めに応じて業者が買主の自宅に出向いて契約をした場合

▶どのような手続きが必要か

　クーリング・オフによって解約する場合は、クーリング・オフができることを宅建業者から書面によって通知された日から、8日以内に書面によって通知しなければなりません。

　業者からクーリング・オフの説明を受けていない場合は、8日を過ぎても解約できます。逆に、8日以内であっても、物件の引渡しを受け、代金の全額支払いを済ませた後は、クーリング・オフができなくなります。

　確実にクーリング・オフを行なうために、必ず配達証明付内容証明郵便（187ページ）を利用しましょう。郵便局の受付印が8日の期限内であれば大丈夫です（発信主義）。

　通知に撤回や解除の理由を書く必要はありません。また、損害賠償や違約金を支払う義務も生じませんから安心してください。

第3章

土地の売買等についての書式

1 宅地売買契約

宅地売買契約書

　売主〇〇〇〇（以下「甲」という）と買主〇〇〇〇（以下「乙」という）は、甲が所有する後記＜物件の表示＞に記載する宅地（以下「本件宅地」という）につき、以下の内容の宅地売買契約を締結した。

第1条（売買代金）　甲は乙に対し、甲の所有する本件宅地を、金〇〇〇〇万円にて売り渡し、乙はこれを買い受ける。

2　引渡時において、実測面積に増減があるときは、1平方メートルあたり金〇〇〇〇円の割合で、売買代金を増減し精算する。

第2条（支払時期）　乙は、前条に定める売買代金を下記のとおり、甲に支払う。

（1）　この契約成立と同時に手付金として金〇〇〇万円。

（2）　第4条第1項に定める本件宅地の所有権移転登記申請と引き換えに、金〇〇〇〇万円。

2　手付金は売買代金に充当する。ただし、手付金には利息をつけない。

第3条（完全な所有権の移転）　甲は、本件宅地についての抵当権等乙の完全な所有権の行使を妨げる一切の負担を消滅させ、完全な所有権を移転しなければならない。

第4条（登記申請および引渡し）　甲は乙に対し、平成〇〇年〇〇月〇〇日までに本件宅地の所有権移転登記申請手続きを、第2条第1項第2号に定める代金の支払いと引き換えに行なう。

2　前項の所有権移転登記手続きに伴う登記費用は乙の負担とする。

3　甲は、第1項の登記申請手続き完了後すみやかに本件宅地を乙に引き

渡す。

第5条（公租公課） 本件宅地の公租公課は、前条第3項に定める引渡しの日を基準とし、その前日までに対応する分を甲の負担とし、その日以降に対応する分は乙の負担とする。

第6条（契約の解除） 甲または乙が本契約に違反したときは、その相手方は、相当な期間を定めた催告の後、本契約を解除し、かつ、その損害の賠償を請求することができる。

第7条（瑕疵担保責任） 甲は、本件宅地の隠れた瑕疵についてはその引渡しの日から2年間に限り民法第570条に定める担保の責任を負う。

第8条（費用負担） この契約に要する費用は甲乙折半して負担する。

第9条（管轄裁判所） 本契約に関する訴訟は第一審管轄裁判所を○○地方裁判所とする。

第10条（契約外事項） 本契約に定めのない事項については、その都度、甲乙協議して誠意をもって解決する。

　本契約の成立を証するため、本書2通を作成し、甲乙記名押印のうえ、各々その1通を保有する。

平成○○年○○月○○日

　　　　　　　　売主（甲）
　　　　　　　　住所　○○県○○市○○町○丁目○○番○○号
　　　　　　　　氏名　○○　○○　　印

　　　　　　　　買主（乙）
　　　　　　　　住所　○○県○○市○○町○丁目○○番○○号
　　　　　　　　氏名　○○　○○　　印

　　　　　　　　＜物件の表示＞
　　　　　　　　所　　在　○○県○○市○○町○丁目

```
              地    番    ○○番○
              地    目    ○○
              地    積    ○○.○○㎡
```

アドバイス

①もっともオーソドックスな宅地の売買契約書です。

②土地の登記簿上の面積と実測上の面積に差がある場合の精算条項を盛り込みました。通常、引渡しの時までに境界の確定および測量が行なわれ、登記簿上の面積との差分を調整します。

③土地の代金に消費税はつきません。ただし、購入者には購入後に不動産取得税が課税されます。

④公租公課は、通常は、物件の引渡日を基準として、その前後で負担者を変えることが多いようです。登記申請日を基準とすることもあります。公租公課として、具体的には固定資産税（および、地域により都市計画税）が課されることになりますが、これらの税は、その年の1月1日付の所有者に対して5月ごろに納税通知が届き、その者が納付することになります。したがって、買主は、基準日後の分担額を売主に交付しなければなりません。

⑤管轄裁判所は、双方にとって負担にならない場所の地方裁判所を指定するべきでしょう。

⑥通常、相手方に契約の違反があった場合でも、いきなり解除することは望ましくありません。そこで、本契約書の第6条のように相当な期間を定めて催告（催促）し、それでも契約が守られないときに、はじめて解除できるとするのが一般的です。「相当な期間」とは、1週間程度が妥当でしょう。要は契約違反をした相手方が催告されて、契約を実行するのに必要な期間と考えてください。

⑦第7条の隠れた瑕疵とは、通常の注意を払っても発見できない欠陥のことです。ですから、外見からすぐに見つけられるような欠陥や売買時にあらかじめ説明を受けた欠陥は隠れた瑕疵とはいえません。たとえば、土地の地盤沈下や法律上の制限などが該当します。

用語 公租公課

公租公課とは不動産に課税される固定資産税、都市計画税等のことです。毎年1月1日に登記簿に所有者として載っている人が納税義務者となります。

2 土地売買契約
（建築協定のある場合）

土地売買契約書

　〇〇〇〇（以下「甲」）と□□□□（以下「乙」）は、甲を売主、乙を買主として、後記土地（以下「本件土地」）について、以下のとおり売買契約を締結した。

第1条（目的）　甲は、乙に対して、本件土地を売却し、登記名義を移転、土地を引き渡す。

第2条（代金）　売買代金は、金〇〇〇〇万円とする。

2　前項の金額は次のとおり支払う。

　①本契約締結時に内金として　金〇〇〇万円

　②第4条第1項に定める登記申請必要書類の交付と引き換えに残金として　金〇〇〇〇万円

3　乙は、前項の代金の支払いにつき遅延が生じたときは、年〇％の遅延損害金を支払う。

第3条（所有権の移転）　本件土地の所有権は、乙が甲に対して代金全額を支払った時に移転する。

第4条（移転登記申請）　甲は、所有権移転登記の申請に必要な書類一切を、平成〇〇年〇月〇日に、第2条第2項第2号に定める残金の支払いと引換えに乙に交付する。

2　所有権移転登記の申請は、平成□□年□月□日までに代理人を通じて行ない、その費用は乙が負担する。

第5条（引渡し）　甲から乙への本件土地の引渡しは、平成〇〇年〇月〇日までに行なう。

第6条（瑕疵担保責任）　本件土地に隠れたる瑕疵があったときは、引渡しの日から〇年間、甲は乙に対して民法第570条規定の責任を負う。

第7条（権利義務の譲渡）　乙は、本契約にかかる権利義務を、甲の承諾なく第三者に対して譲渡することはできない。

第8条（建築協定の承継）　乙は、本件土地について、甲が認可を受けている建築協定を承継しなければならない。

2　前項の建築協定は、本契約と一体をなすものとして添付される建築協定書の内容に従う。

第9条（公租公課）　本件土地に関する公租公課については、平成〇〇年〇月〇日以前は甲が、平成〇〇年〇月〇日後は乙が負担するものとする。

第10条（解除）　甲または乙は、各々相手方が本契約に基づく債務を履行しないときは、相当な期間を定めて催告し、右期間内に履行がない場合は、本契約を解除することができる。

2　前項による解除がなされた場合、相手方は、売買代金総額の〇％を違約金として支払い、解除者に生じた損害がそれを上回るときは、損害額に充つるまで賠償の責を負うものとする。

第11条（契約費用）　甲および乙は、本契約にかかる費用を折半して負担する。

第12条（協議義務）　本契約に規定のない事項については、甲および乙は、信義に従い誠実に協議をして、これを解決するものとする。

第13条（管轄）　本契約に関する紛争については、〇〇地方裁判所を第一審の管轄裁判所とする。

附則

　甲および乙は、各々本契約書に署名、押印し、各自１通を保管するものとする。

＜物件の表示＞
所在　　〇〇県〇〇市〇〇町〇丁目

```
地番    ○番○
地目    ○○
地積    ○○○．○○㎡


平成××年×月×日


            （甲）  ○○県○○市○○町○丁目○番○号
                         ○○  ○○       印
            （乙）  □□県□□市□□町□丁目□番□号
                         □□  □□       印
```

第3章 土地の売買等についての書式

アドバイス

①建築協定を除けば、基本的な土地の売買契約書です。買った土地をどのように利用しようと原則として自由ですが、様々な法律によって規制される面も少なくはありません。また、法律の規制だけでは足りないこともあります。そこで、土地の売買に建築協定を入れることで、土地の使用に一定の制限を加えます。

②不動産の資産価値は、周囲の景観とも密接な関係があります。静かな住宅街のつもりで住んでみたら、後から奇抜な建物や大型商業施設ができて当初とは環境がまったく変わってしまうことも考えられます。そこで、地域内の建物の用途を住宅に限る、建物の階数や高さの基準を定めるなど、建築基準法の建築物に対する基準に上乗せして、建築協定という地域的な基準を作ることがあります。建築物の敷地、位置、構造、用途、形態、意匠、建築設備に関する基準等のルールを住民が主体となって決めることができます。建築協定を結ぶには、対象地域内の土地所有者などの関係者全員が合意し、自治体の長の認可を受ける必要があります。

③その地域にどのような建築協定があるかは、自治体の建築部門に問い合わせてみてください。

3 建築協定

建築協定書

協定者各位は、以下のとおり合意に達した。

第1条（目的） 本協定は、次条に規定する区域内における建築物に関する基準を自主的に決定し、住宅地としての住環境を維持・向上させるものである。

第2条（適用区域） 本協定は、○○市○○町○丁目○番から○丁目○番までの区域に適用し、別添地図に示すものである。

2　前項の区域には、○○小学校、○○中学校、○○消防署は含まない。

第3条（協定者） 本協定は、次の全員の合意により締結する。

①前条に掲げる区域内に、土地を所有する者

②前条に掲げる区域内に、建物所有を目的とする土地賃借権、地上権を有する者

第4条（協定運営委員会） 本協定を実施、運営管理するために、協定運営委員会を設ける。

2　協定運営委員会は、○名の委員をもって構成される。

3　委員会の役員として、次の役職を設ける。

・委員長　　　1名
・副委員長　　2名
・財務委員　　2名

4　委員会の運営、議事、事務、財務、その他必要な事項については、別途委員会規則により、これを定める。

第5条（委員） 前条の委員は、第3条の協定者の中から互選により選出

する。
2　委員の任期は◯年とし、再任されることができる。
第6条（期間）　本協定は、◯◯市市長の認可があった日に発効し、◯◯年間有効とする。
2　前項の有効期間は、第8条に規定する違反者に対する措置については適用せず、期間満了後もなお有効とする。
第7条（制限）　第2条に規定する区域内では、建築物に関して、以下の基準に従うものとする。
　① 建築物の用途は、住居専用もしくは医院、児童福祉施設とする。
　② 建坪は、敷地面積に対して◯分の◯以下とする。
　③ 建築物と境界との距離は、◯メートル以上とする。ただし、物置、ガレージ等の付属施設については、◯◯センチメートル以上とする。
　④ 階層は2階までとする。ただし、高さが地上◯メートル以下の場合は、この限りでない。
2　やむを得ない事情により、前項の基準に従えない場合には、委員会の了承を得なければならない。
第8条（違反者に対する措置）　前条の基準に違反した者に対しては、委員会の協議を経て、委員長が書面により相当の期間を定め、その是正を求める。
2　前項の是正要求に対して、期間内に違反者による是正措置がとられないときは、委員長は委員会の協議を経て、裁判所に訴訟を提起する。
3　前項の訴訟費用については、弁護士費用も含めて違反者が負担する。
第9条（改定）　本協定の改定は委員会で発議し、全協定者の合意によって行なうものとする。
第10条（廃止）　本協定の廃止は委員会で発議し、協定者の過半数の合意をもって行なう。

附則
1　本協定の締結後、委員長は、遅滞なく、◯◯市市長に対して認可を申請する。

2　本協定書は、委員長が1部保管し、2部を市長宛に提出し、各協定者に写しを1通ずつ配布する。

平成〇〇年〇月〇日

アドバイス

①土地売買契約に関連して、周辺の住民等と建築協定が結ばれる場合の建築協定書です。

②建築協定は住宅地の環境を改善し、商店街の利便性を増進させて建築物を有効に活用するために土地の所有者などの間で締結されます。地域に高層ビルや奇抜な建物が建てられるなどして、一度環境が破壊されてしまうと容易に元に戻すことはできません。そこで、建築協定という地域のルールを作ることで、将来的にも日照権の確保や静かで落ち着いた住環境を維持していくなど、地域の人々が安心して住み続けられる生活が実現できるのです。

4　農地売買契約

土地売買契約書

　株式会社○○（以下「甲」）と□□□□（以下「乙」）は、後記土地（以下「本件土地」）について、以下のとおり売買契約を締結した。

第１条（目的）　売主甲は、買主乙に対して、本件土地を農地として売買する。

第２条（代金）　本件土地の代金は総額金○○○○万円とし、乙は甲に対して、以下のとおり支払うものとする。

　①　本契約締結時に手付金として金○○○円
　②　第３条第３項の所有権移転登記申請と引き換えに残金として
　　　金○○○○円

２　乙は、前項の代金の支払いにつき遅延が生じたときは、年○％の遅延損害金を支払う。

第３条（許可申請）　甲は、本契約成立後遅滞なく、農地法第３条第１項の許可処分を得るための申請をしなければならない。乙は、これに協力する。

２　本件土地の所有権は、前項の許可処分があったときに、甲から乙に移転するものとする。

３　甲は、第１項の許可処分があったときは、遅滞なく、前条第１項第２号の残金の支払いと引換えに所有権移転登記の申請および本件土地の引渡しを行なわなければならない。

４　前項の所有権移転登記申請にかかる登録免許税等の費用については、乙が、これを負担する。

第4条（地役権）　乙は、本件土地に関して甲と後記△△△△（以下「丙」）の間に締結されている地役権設定契約上の地位を承継しなければならない。
2　前項の承継のために、甲は、丙に対する契約上の義務を履行するとともに、乙に対して協力するものとする。
3　第1項の地役権契約上の負担部分については、別添の資料に、これを示すものとする。
第5条（瑕疵担保責任）　本件土地に隠れたる瑕疵があったときは、引渡しの日から2年間、甲は乙に対して民法第570条規定の責任を負う。
第6条（解除）　甲または乙は、各々相手方が本契約に基づく債務を履行しないときは、相当な期間を定めて催告し、右期間内に履行がない場合は本契約を解除することができる。
2　前項による解除がなされた場合、相手方は、損害を賠償しなければならない。
第7条（公租公課）　本件土地に関する公租公課については、第3条の許可処分以前は甲が、それ以後は乙が負担するものとする。
第8条（契約費用）　甲および乙は、本契約にかかる印紙代等の費用を折半して負担する。
第9条（契約の効力）　本契約は、第3条の許可処分が得られないときは、失効するものとする。
2　前項の場合、甲および乙は、それまでに相互に受領していた代金、書類等を返還しなければならない。ただし、金銭に利息は付さないものとする。
第10条（協議義務）　本契約に規定のない事項については、甲および乙は、信義に従い誠実に協議をして、これを解決するものとする。
第11条（管轄）　本契約に関する紛争については、○○地方裁判所を第一審の管轄裁判所とする。

附則
　甲および乙は、各々本契約書に署名、押印し、各自1通を保管するもの

とする。

＜物件の表示＞
　　所在　　○○県○○市○○町○丁目
　　地番　　○番○
　　地目　　○○
　　地積　　○○○．○○㎡
＜丙の表示＞
　　住所　　△△県△△市△△町△△番△
　　氏名　　△△　△△
　　職業　　農業

平成○○年○月○日

　　　　　　　　　（甲）　○○県○○市○○町○丁目○番○号
　　　　　　　　　　　　　株式会社○○
　　　　　　　　　　　　　代表取締役　　　○○　○○　　印
　　　　　　　　　（乙）　□□県□□市□□町□丁目□番□号
　　　　　　　　　　　　　県営住宅□－□□□号
　　　　　　　　　　　　　　　　　　　　　□□　□□　　印

アドバイス

①農業を守るために農地は保護されており、私人間で自由に売買できません。農地を耕作目的で売買する際に、農地法3条の許可を求める申請先は農業委員会などです。農地を取得する者がその住所のある市町村の区域の外にある農地を取得する場合には知事の許可が必要です。

②地役権とは、自分の土地の利益のために他人の土地を利用する権利です。たとえば、通行地役権や汲み水のための地役権があります。

5 買戻特約付宅地売買契約

買戻特約付宅地売買契約書

　売主○○○○（以下「甲」という）と買主○○○○（以下「乙」という）は、甲が所有する下記＜物件の表示＞に記載する宅地（以下「本件宅地」という）につき、以下の内容の宅地売買契約を締結した。

記

＜物件の表示＞
所　　在　　○○県○○市○○町○丁目
地　　番　　○○番○
地　　目　　○○
地　　積　　○○. ○○㎡

第１条（売買代金）　甲は乙に対し、甲の所有する本件宅地を、金○○○○万円にて売り渡し、乙はこれを買い受ける。
２　本件宅地に関し、登記簿上の面積と実測面積に相違があっても、甲、乙ともに売買代金の増減等一切の異議を述べないものとする。
第２条（支払時期）　乙は、前条に定める売買代金を下記のとおり、甲に支払う。
（１）　この契約成立と同時に手付金として金○○○万円。
（２）　平成○○年○○月○○日までに第４条第１項の本件宅地の所有権移転登記申請と引換えに、金○○○○万円。
２　手付金は売買代金に充当する。ただし、手付金には利息をつけない。
第３条（完全な所有権の移転）　甲は、本件宅地についての抵当権等乙の

完全な所有権の行使を妨げる一切の負担を消滅させ、完全な所有権を移転しなければならない。

第4条（登記申請および引渡し） 甲は乙に対し、平成〇〇年〇〇月〇〇日までに本件宅地の所有権移転登記申請手続きを、第2条第1項第2号に定める代金の支払いと引換えに行なう。

2　前項の所有権移転登記手続きに伴う登記費用は乙の負担とする。

3　甲は、第1項の登記申請手続き完了後本件宅地を乙に引き渡す。

第5条（公租公課） 本件宅地の公租公課は、前条第3項に定める引渡しの日を基準とし、その前日までに対応する分を甲の負担とし、その日以降に対応する分は乙の負担とする。

第6条（契約の解除） 甲または乙が本契約に違反したときは、その相手方は、相当な期間を定めた催告の後、本契約を解除し、かつ、その損害の賠償を請求することができる。

第7条（買戻権の行使） 甲は乙に対し、本契約締結後5年以内に次の金額を提供して本契約を解除し、本件宅地を買い戻すことができる。

（1）　乙が甲に支払った売買代金。

（2）　第9条の規定により乙が負担した本契約の費用。

2　甲が乙に対し、買戻権を行使する場合には、あらかじめその期日の〇〇日前までに通知する。

第8条（買戻権行使に伴う義務） 甲が買戻権を行使したときは、乙は甲に対する所有権移転登記手続きを行なう。

2　前項の移転登記手続に伴う費用は甲の負担とする。

3　乙は、甲が買戻権を行使したときから〇〇日以内に、本件宅地を原状に復した上、甲に引き渡さなければならない。

第9条（費用負担） この契約に要する費用は甲乙折半して負担する。

第10条（管轄裁判所） 本契約に関する訴訟は第一審管轄裁判所を〇〇地方裁判所とする。

第11条（契約外事項） 本契約に定めのない事項については、その都度、甲乙協議して誠意をもって解決する。

本契約の成立を証するため、本書2通を作成し、甲乙記名押印の上、各々その1通を保有する。

平成〇〇年〇〇月〇〇日

　　　　　　　　　売主（甲）
　　　　　　　　　住所　〇〇県〇〇市〇〇町〇丁目〇〇番〇〇号
　　　　　　　　　氏名　〇〇　〇〇　　印
　　　　　　　　　買主（乙）
　　　　　　　　　住所　〇〇県〇〇市〇〇町〇丁目〇〇番〇〇号
　　　　　　　　　氏名　〇〇　〇〇　　印

アドバイス

①民法上、不動産の売主は、売買契約と同時に買戻しの特約をすることにより、買主が支払った代金および契約の費用を返還して、売買の解除をすることができます。買戻しの期間は10年を超えることができず、期間を定めなかったときは5年以内に買戻しをしなければなりません。

②買戻しの制度は、わが国において伝統的に一種の金融手段として利用されていた手法を制度化したものです。抵当権制度の活用が進むにつれ、現在では、この制度はあまり利用されなくなっています。

③通常、相手方に契約の違反があった場合でも、いきなり解除することは望ましくありません。そこで、本契約書の第6条のように相当な期間を定めて催告（催促）し、それでも契約が守られないときに、はじめて解除できるとするのが一般的です。「相当な期間」とは、1週間程度が妥当でしょう。要は契約違反をした相手方が催告されて、契約を実行するのに必要な期間です。

用語 買戻し

　買戻しとは、一度売却した不動産について、売主が一定期間以内に売却代金と契約に関わる費用を買主に返還することで取り戻すことができる制度のことです。移転登記と同時に買戻しの特約を登記することで第三者に対しても効力が生じます。

6 登記原因証明情報

登記原因証明情報

〇〇法務局〇〇出張所　御中

1　登記申請情報の要項
　（1）　登記の目的　　所有権移転
　（2）　登記の原因　　平成〇〇年〇〇月〇〇日　売買
　（3）　当 事 者　　権利者　　住所　　　〇〇〇〇
　　　　　　　　　　　義務者　　住所　　　〇〇〇〇
　（4）物件の表示
　　　　所　　在　〇〇県〇〇市〇〇町〇丁目
　　　　地　　番　〇〇番〇
　　　　地　　目　〇〇
　　　　地　　積　〇〇．〇〇㎡

2　登記の原因となる事実または法律行為
　甲は乙に対し平成〇〇年〇〇月〇〇日、本件土地を売却し、即日所有権を移転した。
　上記のとおり相違ありません。

平成〇〇年〇〇月〇〇日
　　　　　　　（甲）住所　〇〇県〇〇市〇〇町〇丁目〇〇番〇〇号
　　　　　　　　　　氏名　　　　　　　〇〇　〇〇　　印
　　　　　　　（乙）住所　〇〇県〇〇市〇〇町〇丁目〇〇番〇〇号
　　　　　　　　　　氏名　　　　　　　〇〇　〇〇　　印

アドバイス

①平成17年に施行された改正不動産登記法においては、登記申請書に登記原因証明情報を添付することが義務づけられました。

②売買の場合の登記原因証明情報の必須記載事項は、a契約の当事者、b契約の日時、c不動産の表示、d登記原因となる法律行為または事実の存在、eこれによって所有権が移転したこと、の5点であり、これらを登記によって不利益を被る者（売買の場合は売主）が確認し、署名または記名押印したものであることが必要です。

③上記②の要件を満たしたものであれば、当事者が取り交わした売買契約書や売主が作成した不動産売渡証でもかまいませんが、実際には、書式のような書面に売主が記名押印したものを提出することが主流になるでしょう。
ちなみに不動産売渡証とは、所有権がいつ移転したかを証明する書類です。一般に契約時の売買契約書には、所有権の移転した具体的な年月日が記載されていません。契約書の交付後、後日に代金の支払いと引換えに所有権が移転すると決めることが多いようです。そして、最終代金決済日に正式にいつ売主から所有権が移転したとの承諾的文書として、不動産売渡証を交付するのです。

用語 登記原因証明情報

登記原因証明情報を添付させる目的は、登記の内容が真実に基づいていることを確実にし、登記制度の信頼性を高めることにあります。

売買契約などの契約書が登記原因証明情報にあたります。契約書などがない場合には、登記原因となる事実や法律関係を記載した書面を提供することになります。

7 土地売買契約の変更契約

変更契約書

　○○不動産株式会社（以下「甲」）と□□□□（以下「乙」）は、甲乙間で平成○○年○月○日付にて締結した土地売買契約（以下「原契約」）について、以下のとおり変更契約を締結する。

第１条（目的）　本契約は、甲乙合意の上で、原契約の一部を変更し、または、条項を追加、削除し、原契約と一体をなすものである。

第２条（変更その１）　代金支払いおよびそれに関連する原契約の規定を、次のように変更する。

　①　原契約第○条第○項に規定する残代金の支払期限を、平成□□年□月□日から平成△△年△月△日に延長する。
　②　原契約第□条に規定する所有権移転登記申請日を、平成□□年□月□日から平成△△年△月△日に変更する。
　③　原契約第△条に規定する引渡期日を、平成□□年□月□日から平成△△年△月△日に変更する。

第３条（変更その２）　原契約第◎条に規定する第一審管轄裁判所を、○○地方裁判所から◎◎地方裁判所に変更する。

第４条（追加）　原契約第×条の後に、第×条の２として、次の条項を追加する。

「乙は、本契約に基づく権利義務を第三者に譲渡し、または担保権を設定してはならない」

第５条（削除）　原契約第△条は、これを削除する。

附則
　甲および乙は、各々本契約書に署名、押印し、原契約書とともに各自1通を保管するものとする。

平成××年×月×日

　　　　　　　　　　（甲）　○○県○○市○○町○丁目○番○号
　　　　　　　　　　　　　　○○不動産株式会社
　　　　　　　　　　　　　　代表取締役　　　　　　○○　○○　　印
　　　　　　　　　　（乙）　□□県□□市□□町□丁目□番□号
　　　　　　　　　　　　　　　　　　　　　　　　　□□　□□　　印

アドバイス

① 一度契約を結んでおいて（原契約という）、後日、契約書の一部条項を変更する場合の変更契約書です。

② 46ページの宅地売買契約書の契約などが原契約にあたります。
　契約は一度結ばれると原則として守られなければなりませんが、事情の変更などで残代金の支払期限、所有権移転登記申請日などの契約内容の一部を変更したい場合が生じます。そこで、当事者の合意で変更契約を締結するのです。
　なお、変更契約は原契約と一体をなすものですので、変更契約書は、必ず原契約書と一緒に保管するようにします。

8 宅地売買予約契約

宅地売買予約契約書

　○○○○（以下「甲」という）と○○○○（以下「乙」という）は、甲が所有する下記＜物件の表示＞に記載する宅地（以下「本件宅地」という）につき、以下の内容の宅地売買予約契約を締結した。

記

＜物件の表示＞
所　　　在　○○県○○市○○町○丁目
地　　　番　○○番○
地　　　目　○○
地　　　積　○○．○○㎡

第１条（代金）　本予約が完結された場合の、本件宅地売買代金は金○○○○万円とする。

第２条（予約完結の意思表示）　乙は平成○○年○○月○○日までに、予約完結の意思表示をすることができる。

第３条（売買契約の成立）　乙が前条の意思表示をしたときは、甲乙間に売買契約が成立し、甲は乙の指定した日時に、第１条の売買代金と引換えに本件宅地について所有権移転登記手続きをしなければならない。

２　乙は前項の登記手続きと引換えに、第１条の売買代金を支払わなければならない。

３　所有権移転登記手続きに要する費用は乙の負担とする。

第４条（仮登記）　甲は、乙が本予約に基づく所有権移転登記請求権を保

全するための仮登記手続きに協力しなければならない。

第5条（費用負担） 本予約に関する費用および前条の登記手続きに要する費用は、乙の負担とする。

　本契約の成立を証するため、本書2通を作成し、甲乙記名押印の上、各々その1通を保有する。

平成○○年○○月○○日

　　　　　　　　　　（甲）
　　　　　　　　　　住所　　○○県○○市○○町○丁目○○番○○号
　　　　　　　　　　氏名　　○○　○○　　　印
　　　　　　　　　　（乙）
　　　　　　　　　　住所　　○○県○○市○○町○丁目○○番○○号
　　　　　　　　　　氏名　　○○　○○　　　印

アドバイス

①予約とは、当事者の一方または双方が、相手に対する予約完結の意思表示を行なったときに契約が成立するものとする一種の契約です。

②第2条の予約完結の意思表示とは、契約当事者の一方の意思表示だけで契約を成立させられる権利です。本件では予約完結権を買主乙が持っているので、買主乙の「土地を買います」という一方の意思表示だけで、売主甲の「土地を売ります」という意思表示を待つことなく土地売買の本契約が成立します。
売買契約では買主の「買います」という意思表示と売主の「売ります」という意思表示が両方そろわなければ、そもそも契約が成立しないことと比較してください。

用語 仮登記

　仮登記とは、必要な要件がそろわないため本登記ができない場合に行なう予備的な登記のことです。仮登記をしておくと、本登記が遅れても、仮登記の時点での登記簿上の順位を確保することができます。

登記が遅れると、先に登記を済ませた者に権利を主張することができなくなります。たとえば、売主が不動産の二重売買をして、第2の買主に先に登記されてしまうと、仮に代金を支払っていたとしても不動産を手に入れることができなくなるのです。
　しかし、仮登記をしておけば、そのような場合でも自分の権利を他人に主張することができ、「取りっぱぐれ」をすることはありません。

9 不動産再売買予約契約

不動産再売買予約契約書

〇〇〇〇（以下「甲」という）と〇〇〇〇（以下「乙」という）は、甲が所有する下記＜物件の表示＞第1項に記載する土地（以下「本件土地」という）および＜物件の表示＞第2項に記載する建物（以下「本件建物」という。土地および建物をあわせて以下「本件土地建物」という）に関し、甲、乙が平成〇〇年〇〇月〇〇日に締結した不動産売買契約を原契約とする、以下の内容の不動産再売買予約契約を締結した。

記

＜物件の表示＞
1 　所　　　在　〇〇県〇〇市〇〇町〇丁目
　　地　　　番　〇〇番
　　地　　　目　〇〇
　　地　　　積　〇〇.〇〇㎡
2 　所　　　在　〇〇県〇〇市〇〇町〇丁目〇〇番地〇
　　家屋番号　〇〇番〇
　　種　　　類　〇〇
　　構　　　造　〇〇〇〇
　　床 面 積　〇〇.〇〇㎡

第1条（代金）　本再売買予約が完結された場合の、本件土地の売買代金は、金〇〇〇〇万円とし、本件建物の売買代金は、金〇〇〇〇万円とする。

第2条（予約完結の意思表示）　乙は平成○○年○○月○○日までに、予約完結の意思表示をすることができる。

第3条（再売買契約の成立）　乙が前条の意思表示をしたときは、甲乙間に再売買契約が成立し、甲は乙の指定した日時に、第1条の売買代金の支払いと引換えに本件土地建物について所有権移転登記手続きをしなければならない。

2　乙は前項の登記手続きと引換えに、第1条の売買代金を支払わなければならない。

3　所有権移転登記手続きに要する費用は乙の負担とする。

第4条（仮登記）　甲は、乙が本予約に基づく所有権移転登記請求権を保全するための仮登記手続きに協力しなければならない。

第5条（費用負担）　本予約に関する費用および前条の登記手続きに要する費用は、乙の負担とする。

本契約の成立を証するため、本書2通を作成し、甲乙記名押印の上、各々その1通を保有する。

平成○○年○○月○○日

　　　　　　　　　　（甲）
　　　　　　　　　　住所　○○県○○市○○町○丁目○○番○○号
　　　　　　　　　　氏名　○○　○○　　印
　　　　　　　　　　（乙）
　　　　　　　　　　住所　○○県○○市○○町○丁目○○番○○号
　　　　　　　　　　氏名　○○　○○　　印

アドバイス

①民法上の「買戻し」は、買戻しの特約を当初の売買契約と同時に行なわなければならないこと、対価の額が決まっていることなど制約が多いため、現在では、あまり利用されなくなってきています。そこで、買戻しと同様の機能を、当初の売買契約とは別の契約によって実現しようとするのが再売買の予約です。再売買の予約は、当初の売買契約と同時に締結する必要はなく、対価の額も当事者間で自由に設定することができます。

②仮登記とは、本登記をするのに必要な実体上の要件や手続上の要件が欠けている場合に、将来本登記がなされた時の登記簿上の順位を確保するためにしておく、予備的な登記のことです。たとえば、売買予約契約を結んだ場合は「所有権移転請求権仮登記」の登記ができます。

■買戻しと再売買の比較

	買戻し	再売買の予約
特約・登記時期	売買契約と同時	制限なし
期間	最長10年。期間を定めなかった時は5年	制限なし。ただし、10年で時効消滅
支払金額	売買代金と費用	制限なし
権利行使の相手方	目的物が譲渡された場合、転得者	目的物が譲渡された場合、譲渡人（旧所有者）

第4章

建物の売買等についての書式

1 借地権付建物売買契約
（新たに借地権を設定）

借地権付建物売買契約書

　売主〇〇〇〇（以下「甲」という）と買主〇〇〇〇（以下「乙」という）は、甲が所有する下記＜物件の表示＞に記載する借地権付建物（以下「本件建物」という）につき、以下の内容の借地権付建物売買契約を締結した。

記

＜物件の表示＞
所　　　在　〇〇県〇〇市〇〇町〇丁目〇〇番地〇
家屋番号　〇〇番〇
種　　　類　〇〇
構　　　造　〇〇〇〇
床 面 積　〇〇．〇〇㎡

第１条（賃借権の設定）　甲は乙に対し、本件建物の敷地につき、乙が本件建物を所有するための賃借権を設定する。
２　敷地に関する賃貸借契約の内容については、本契約と同時に締結する敷地賃貸借契約書の定めるところによる。
第２条（売買代金）　甲は乙に対し、甲の所有する本件建物を、金〇〇〇〇万円にて売り渡し、乙はこれを買い受ける。
第３条（支払時期）　乙は、前条に定める売買代金を下記のとおり、甲に支払う。
（１）　この契約成立と同時に手付金として金〇〇〇万円。

（2） 平成〇〇年〇〇月〇〇日までに第5条第1項の本件建物の所有権移転登記申請と引換えに、金〇〇〇〇万円。

2 手付金は売買代金に充当する。ただし、手付金には利息をつけない。

第4条（**完全な所有権の移転**） 甲は、本件建物についての抵当権等乙の完全な所有権の行使を妨げる一切の負担を消滅させ、完全な所有権を移転しなければならない。

第5条（**登記申請および引渡し**） 甲は乙に対し、平成〇〇年〇〇月〇〇日までに本件建物の所有権移転登記申請手続きを、第3条第1項第2号に定める代金の支払いと引換えに行なう。

2 前項の所有権移転登記手続きに伴う登記費用は乙の負担とする。

3 甲は、第1項の登記申請手続き完了後本件建物を乙に引き渡す。

第6条（**危険負担**） 本契約締結後、前条第3項に定める本件建物の引渡し前に、甲の責めに帰さない事由により、本件建物がその価値を著しく減少し、または滅失したときは、第3条第1項第2号に定める乙の代金支払債務は消滅する。この場合、甲は乙に対し、受領済みの手付金をすみやかに返還しなければならない。

第7条（**公租公課**） 本件建物の公租公課は、第5条第3項に定める引渡しの日を基準とし、その前日までに対応する分を甲の負担とし、その日以降に対応する分は乙の負担とする。

第8条（**契約の解除**） 甲または乙が本契約に違反したときは、その相手方は、相当な期間を定めた催告の後、本契約を解除し、かつ、その損害の賠償を請求することができる。

第9条（**瑕疵担保責任**） 甲は、本件建物の隠れた瑕疵についてはその引渡しの日から2年間に限り民法第570条に定める担保の責任を負う。

第10条（**費用負担**） この契約に要する費用は甲乙折半して負担する。

第11条（**管轄裁判所**） 本契約に関する訴訟は第一審管轄裁判所を〇〇地方裁判所とする。

第12条（**契約外事項**） 本契約に定めのない事項については、その都度、甲乙協議して誠意をもって解決する。

本契約の成立を証するため、本書2通を作成し、甲乙記名押印の上、各々その1通を保有する。

平成○○年○○月○○日

　　　　　　　　売主（甲）
　　　　　　　　住所　　○○県○○市○○町○丁目○○番○○号
　　　　　　　　氏名　　○○　○○　　　印
　　　　　　　　買主（乙）
　　　　　　　　住所　　○○県○○市○○町○丁目○○番○○号
　　　　　　　　氏名　　○○　○○　　　印

アドバイス

①土地の所有者が、自らの土地上に建物を建て、これを借地権付きで売却する場合の契約書です。

②一つの契約書で、賃借権の設定と、建物の売買を両方盛り込むこともできますが、ここでは別々の契約書としてみました。一つには、そうしたほうが各契約書の条文数が少なくなり、内容を把握しやすくなることと、もう一つには、瑕疵担保等により建物の売買契約が解除される可能性を予想し、建物の売買契約についての解除が借地権の存続に影響を与えないようにすることが目的です。土地の賃貸借契約書については、第6章を参照してください。

③契約成立後、引渡し前に、売主に責任のない事由（たとえば落雷の影響で焼失した場合など）により建物が滅失した場合には、売主の建物引渡債務は履行不能となって消滅し、また契約書第6条により買主の代金支払債務も消滅するので、あたかも建物売買契約が解除されたかのような状況となります。この場合でも、本事例においては別契約である敷地の賃貸借契約は、引渡しを要件とすることなく契約だけで成立していますから、買主は自らの出費で借地上に建物を建築することができます。

2 借地権付建物売買契約
（既存の借地権ごと移転）

借地権付建物売買契約書

　売主○○○○（以下「甲」という）と買主○○○○（以下「乙」という）は、甲が所有する下記＜物件の表示＞に記載する借地権付建物（以下「本件建物」という）につき、以下の内容の借地権付建物売買契約を締結した。

記

＜物件の表示＞
所　　在　　○○県○○市○○町○丁目○○番地○
家屋番号　　○○番○
種　　類　　○○
構　　造　　○○○○
床 面 積　　○○．○○㎡

第１条（売買代金）　甲は乙に対し、甲の所有する本件建物をその敷地の借地権とともに、金○○○○万円にて売り渡し、乙はこれを買い受ける。
第２条（借地権の内容）　本件建物の敷地に関する借地権の内容は下記のとおりである。
記

　＜借地権の内容＞
　（１）　物件の表示　　　所在　　○○県○○市○○町○丁目
　　　　　　　　　　　　　地番　　○○番○

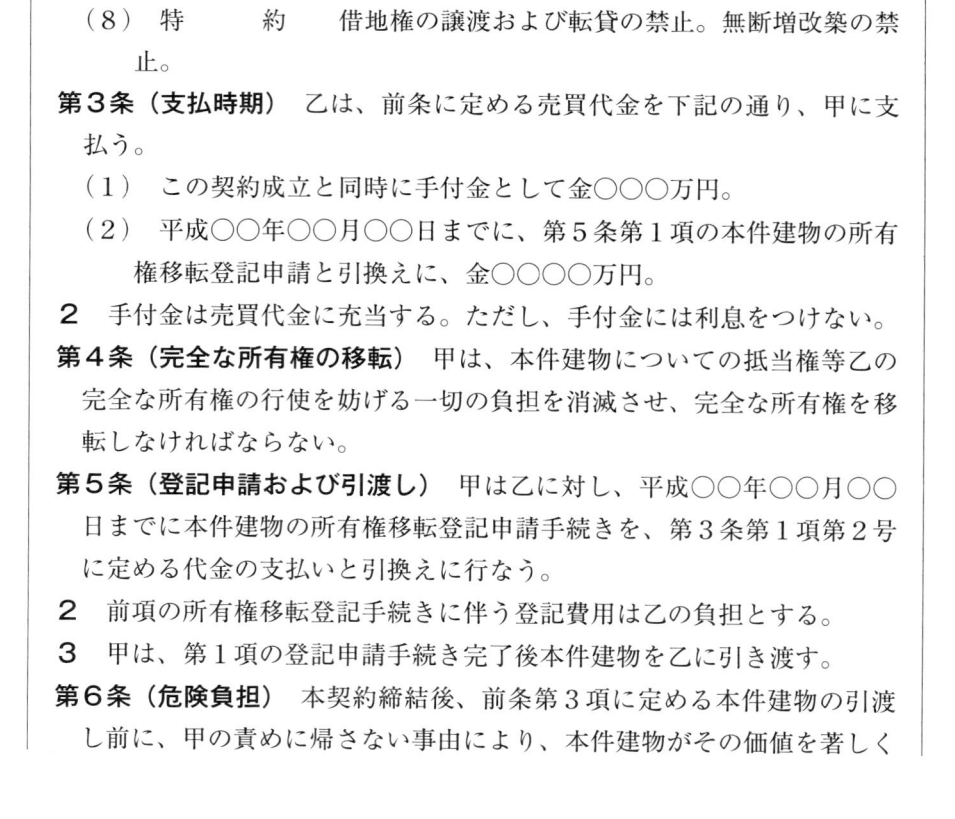

　　　　　　　　　　　地目　　○○
　　　　　　　　　　　地積　　○○.○○㎡
　（２）　契約の種類　　賃貸借契約
　（３）　目　　　的　　建物所有
　（４）　賃　貸　人　　（住所）
　　　　　　　　　　　（氏名）
　（５）　契約の期間　　西暦○○○○年○○月○○日から西暦○○○○年○○月○○日までの30年間。なお、借地権消滅のための建物譲渡に関する特約はない。
　（６）　借　　　賃　　1か月、金○○万円。毎月月末、翌月分を賃貸人の指定する銀行口座に送金することによって支払う。
　（７）　敷　　　金　　金○○○万円。なお、敷金に利息はつけない。
　（８）　特　　　約　　借地権の譲渡および転貸の禁止。無断増改築の禁止。

第３条（支払時期）　乙は、前条に定める売買代金を下記の通り、甲に支払う。
　（１）　この契約成立と同時に手付金として金○○○万円。
　（２）　平成○○年○○月○○日までに、第５条第１項の本件建物の所有権移転登記申請と引換えに、金○○○○万円。
２　手付金は売買代金に充当する。ただし、手付金には利息をつけない。

第４条（完全な所有権の移転）　甲は、本件建物についての抵当権等乙の完全な所有権の行使を妨げる一切の負担を消滅させ、完全な所有権を移転しなければならない。

第５条（登記申請および引渡し）　甲は乙に対し、平成○○年○○月○○日までに本件建物の所有権移転登記申請手続きを、第３条第１項第２号に定める代金の支払いと引換えに行なう。
２　前項の所有権移転登記手続きに伴う登記費用は乙の負担とする。
３　甲は、第１項の登記申請手続き完了後本件建物を乙に引き渡す。

第６条（危険負担）　本契約締結後、前条第３項に定める本件建物の引渡し前に、甲の責めに帰さない事由により、本件建物がその価値を著しく

減少し、または滅失したときは、本契約は効力を失う。この場合、甲は乙に対し、受領済みの手付金をすみやかに返還しなければならない。

第7条（借地権の移転） 甲は乙に対し、瑕疵のない借地権を移転するものとし、本件建物の所有権移転登記申請のときまでに、甲から乙への借地権譲渡についての借地権設定者の承諾を文書によって得なければならない。

2　借地権譲渡についての地主の承諾料、名義書換料等、乙が瑕疵のない借地権を取得するのに必要な費用は、すべて甲が負担する。

第8条（公租公課） 本件建物の公租公課は、第5条第3項に定める引渡しの日を基準とし、その前日までに対応する分を甲の負担とし、その日以降に対応する分は乙の負担とする。

第9条（契約の解除） 甲または乙が本契約に違反したときは、その相手方は、相当な期間を定めた催告の後、本契約を解除し、かつ、その損害の賠償を請求することができる。

第10条（瑕疵担保責任） 甲は、本件建物の隠れた瑕疵についてはその引渡しの日から2年間に限り民法第570条に定める担保の責任を負う。

第11条（費用負担） この契約に要する費用は甲乙折半して負担する。

第12条（管轄裁判所） 本契約に関する訴訟は第一審管轄裁判所を○○地方裁判所とする。

第13条（契約外事項） 本契約に定めのない事項については、その都度、甲乙協議して誠意をもって解決する。

本契約の成立を証するため、本書2通を作成し、甲乙記名押印の上、各々その1通を保有する。

平成○○年○○月○○日

　　　　　　　　売主（甲）
　　　　　　　　住所　○○県○○市○○町○丁目○○番○○号
　　　　　　　　氏名　○○　○○　　印

　　　　　　買主（乙）
　　　　　　住所　〇〇県〇〇市〇〇町〇丁目〇〇番〇〇号
　　　　　　氏名　〇〇　〇〇　　　印

アドバイス

①借地上の建物を売買する場合の契約書です。

②借地上の建物を譲渡した場合には、その建物の存立の基盤である借地権も当然に譲渡されることになります。他方、賃借人たる地位を第三者に移転するには、元の賃貸借契約の当事者である賃貸人の承諾を得なければなりません。そこで、契約書第７条において、売主にそのような承諾をとりつける債務を課しています。

③借地権の内容は、借地権付建物を買い受ける者にとって、契約の重要な要素にあたります。本契約書第２条のように、できるだけ詳細にその内容を記載すべきでしょう。

3 借地権付建物売買契約
（建物賃借人が購入）

借地権付建物売買契約書

　売主○○○○（以下「甲」という）と買主○○○○（以下「乙」という）は、甲が所有し、乙が現に賃借する下記＜物件の表示＞に記載する建物（以下「本件建物」という）につき、以下の内容の借地権付建物売買契約を締結した。

記

＜物件の表示＞
所　　在　　○○県○○市○○町○丁目○○番地○
家屋番号　　○○番○
種　　類　　○○
構　　造　　○○○○
床 面 積　　○○．○○㎡

第１条（賃借権の設定）　甲は乙に対し、本件建物の敷地につき、乙が本件建物を所有するための賃借権を設定する。
２　敷地に関する賃貸借契約の内容については、本契約と同時に締結する敷地賃貸借契約書の定めるところによる。
第２条（売買代金）　甲は乙に対し、甲の所有する本件建物を、金○○○○万円にて売り渡し、乙はこれを買い受ける。
第３条（支払時期）　乙は、前条に定める売買代金を下記の通り、甲に支払う。
　（１）　この契約成立と同時に手付金として金○○○万円。

(2) 平成〇〇年〇〇月〇〇日までに、第5条第1項の本件建物の所有権移転登記申請と引換えに、金〇〇〇〇万円。

2　手付金は売買代金に充当する。ただし、手付金には利息をつけない。

第4条（完全な所有権の移転）　甲は、本件建物についての抵当権等乙の完全な所有権の行使を妨げる一切の負担を消滅させ、完全な所有権を移転しなければならない。

第5条（登記申請）　甲は乙に対し、平成〇〇年〇〇月〇〇日までに本件建物の所有権移転登記申請手続きを、第3条第1項第2号に定める代金の支払いと引換えに行なう。

2　前項の所有権移転登記手続きに伴う登記費用は乙の負担とする。

3　乙は甲に対し、第3条第1項第2号に定める代金の支払いの時まで、本件建物の賃料、共益費を支払うものとする。ただし、1か月に満たない場合は日割計算による。

第6条（危険負担）　本契約締結後、前条第1項に定める所有権移転登記申請手続きの前に、甲の責めに帰さない事由により、本件建物がその価値を著しく減少し、または滅失したときは、本契約は効力を失う。この場合、甲は乙に対し、受領済みの手付金をすみやかに返還しなければならない。

第7条（公租公課）　本件建物の公租公課は、第5条第1項に定める所有権移転登記申請の日を基準とし、その前日までに対応する分を甲の負担とし、その日以降に対応する分は乙の負担とする。

第8条（契約の解除）　甲または乙が本契約に違反したときは、その相手方は、相当な期間を定めた催告の後、本契約を解除し、かつ、その損害の賠償を請求することができる。

第9条（瑕疵担保責任）　甲は、土地建物の隠れた瑕疵についてはその引渡しの日から2年間に限り民法第570条に定める担保の責任を負う。

第10条（費用負担）　この契約に要する費用は甲乙折半して負担する。

第11条（管轄裁判所）　本契約に関する訴訟は第一審管轄裁判所を〇〇地方裁判所とする。

第12条（契約外事項）　本契約に定めのない事項については、その都度、

甲乙協議して誠意をもって解決する。

　本契約の成立を証するため、本書２通を作成し、甲乙記名押印の上、各々その１通を保有する。

平成〇〇年〇〇月〇〇日

売主（甲）
住所　〇〇県〇〇市〇〇町〇丁目〇〇番〇〇号
氏名　〇　〇　〇　〇　印
買主（乙）
住所　〇〇県〇〇市〇〇町〇丁目〇〇番〇〇号
氏名　〇　〇　〇　〇　印

アドバイス

①建物の賃借人がその建物と土地の双方を所有する者から、借地権の設定を受けて建物だけを購入する場合の契約書です。

②建物に関する賃貸借契約は、建物の所有権が買主に移転することにより、貸主、借主が同一人になることによって消滅します（これを「混同」という）。契約と同時に所有権が移転するとする判例の立場によると、契約後、登記や代金の支払いなどの契約上の債務の履行があるまでは、売主は代金も受領できないし、賃料も受領できない状態となってしまいます。そこで、念のため、登記申請、代金支払時まで、建物使用の対価を支払うものとする条項（第５条第３項）を入れておいたほうがよいでしょう。

4 借地権付建物売買契約
（土地所有者・借地人以外の第三者が購入する場合）

借地権付建物売買契約書

　売主〇〇〇〇（以下「甲」という）と買主〇〇〇〇（以下「乙」という）は、甲が所有する後記記載の建物（以下「本件建物」という）について、以下の内容の借地権付建物売買契約を締結する。

第1条（契約の成立）　甲は乙に対し、甲の所有する下記本件建物を現状で敷地の借地権とともに、次条以下の約定により売り渡し、乙はこれを買い受ける。

記

＜本件建物の表示＞
所　　在　〇〇県〇〇市〇〇町〇丁目〇番地〇
家屋番号　〇番〇
種　　類　〇〇
構　　造　〇〇
床 面 積　〇〇.〇〇㎡

第2条（売買代金）　本契約の売買代金は、総額金〇〇〇〇万円とし、この金額には本件建物代金および敷地の借地権の代金を含むものとする。なお、売買代金の支払いは、次の方法による。
　一　この契約成立と同時に手付金として金〇〇万円
　二　本件建物の引渡しおよび本件建物の所有権移転登記申請並びにその敷地の所有者〇〇〇〇（以下「丙」という）の借地権譲渡の承諾書の交付と引換えに平成〇〇年〇月〇日までに金〇〇万円

2　手付金は売買代金に充当する。ただし、手付金には利息はつけない。

第3条（建物所有権の移転時期）　本件建物の所有権は、第2条第1項第2号の売買代金支払いと引換えに、甲から乙に移転する。

第4条（本件建物所有権の内容）　本件建物について乙の所有権行使を妨げる事情となる抵当権、質権および賃借権等の一切の負担を消滅させるものとし、甲は乙に対し、第2条第1項第2号に定める本件建物の所有権移転登記の申請時に、完全な所有権を移転しなければならない。

第5条（引渡時期等）　甲は乙に対し、第2条第1項第2号に定める代金の支払いを受けるのと引換えに、本件建物を空き家にして引き渡し、かつ、本件建物の所有権移転登記申請手続きおよび敷地所有者丙の借地権譲渡承諾書の交付を行なう。

第6条（建物の面積）　本件建物の面積は登記簿に記載された面積によるものとし、登記簿上の面積と実測面積に相違があっても、この相違に関して、甲、乙ともに売買代金の増減等一切の異議を述べず、また、損害賠償請求等何らの請求を行なわない。

第7条（借地権の内容）　本件建物の敷地の借地権の内容は下記のとおりとする。

記

＜本件建物の敷地の借地権の表示＞

借地権者	○○○○
賃貸人	○○○○
地代	1か月金○○万円
支払方法	毎月末日限り翌月分を土地所有者の指定する銀行口座へ送金して支払う。
目的	普通建物所有のため
期間	平成○○年○月○日から平成○○年○月○日までの50年間
敷金	金○○万円
権利金	金○○万円

第8条（借地権の移転）　甲は乙に対し、瑕疵のない借地権を移転するも

のとし、第2条第1項第2号の本件建物の所有権移転登記申請の時までに、甲から乙への借地権譲渡についての地主の承諾を文書によって得なければならない。ただし、乙と敷地の所有者との借地契約を締結させた場合にはこの限りでない。
2　甲から乙への借地権譲渡について、地主丙に対する承諾料、名義書替料等、建物所有権の移転とは別個の費用が発生する場合には、乙が瑕疵のない借地権を取得するのに必要な費用は、すべて甲が負担する。

第9条（借地料の支払い）　借地権者丙に対する地代は第2条第1項第2号の所有権移転登記申請日を基準日として日割計算により基準日までは甲が負担し、基準日後は乙がこれを負担するものとする。

第10条（公租公課）　本件建物の公租公課は、本件建物の引渡しの日を基準とし、引渡しの前日までに対応する分を甲が、引渡しの日以降に対応する分を乙が、それぞれ負担する。

第11条（危険負担）　第5条に定める本件建物の引渡時前に、本件建物が天災その他不可抗力により、その価値が著しく減少し、乙が売買の目的を達することができなくなったときは、当然に甲の建物を引き渡す債務は消滅し、乙の売買代金を支払う債務も消滅する。なお、この場合、甲は乙に対し、受領済みの手付金、売買代金があるときは、これをすみやかに返還しなければならない。

第12条（契約の解除）　甲または乙が本契約に違反したときは、その相手方は催告その他何らの手続を要せずに、本契約を解除し、かつ、被った損害の賠償を請求することができる。

第13条（売渡証書の作成）　甲は乙に対し、本契約書のほかに売渡証書を作成し、交付する。

第14条（費用負担）　本件建物の所有権移転登記手続きに伴う登記費用は乙の負担とする。

第15条（協議）　甲並びに乙は信義則に則って本契約を誠実に履行し、本契約に定めていない事項について疑義または紛争が生じた場合は、法令および商慣習に従い、甲乙協議の上これを解決する。

以上の契約の証として本書2通を作成し、甲乙各署名押印の上、各々その1通を保有する。

平成○○年○月○日

　　　　　　　　　　　　　　東京都○○区○○町○丁目○番○号
　　　　　　　　　　　　　　　甲　　○○　○○　　　　印
　　　　　　　　　　　　　　東京都○○区○○町○丁目○番○号
　　　　　　　　　　　　　　　乙　　○○　○○　　　　印

アドバイス

①借地契約の存続期間を定めなかった場合は、30年となります。30年より長い期間を定めた場合はその期間となり、30年より短い期間を定めてもその期間は30年となります（一時使用であることが明らかな場合は除きます）。

②借地権の存続期間が終了する場合に、建物が存在すれば、借地人は契約の更新を請求できますし、借地人が継続して土地を使用している場合には契約は更新されます。地主はこれらの場合に正当事由がなければ、異議を述べることができません。

③売渡証とは、所有権がいつ移転したかを証明する書類です。一般に契約時の売買契約書には、所有権の移転した具体的な年月日が記載されていません。契約書の交付後、後日に代金の支払いと引換えに所有権が移転すると決めることが多いのです。そして、最終代金決算日に正式にいつ売主から所有権が移転したかの承諾的文書として、売渡証を交付するのです。

5 建物売買予約契約

建物売買予約契約書

　○○○○（以下「甲」という）と○○○○（以下「乙」という）は、甲が所有する下記＜物件の表示＞に記載する建物（以下「本件建物」という）につき、以下の内容の建物売買予約契約を締結した。

記

＜物件の表示＞
所　　在　○○県○○市○○町○丁目○○番地○
家屋番号　○○番○
種　　類　○○
構　　造　○○○○
床 面 積　○○. ○○㎡

第１条（代金）　本予約が完結された場合の本件建物売買代金は、金○○○○万円とする。

第２条（予約完結の意思表示）　乙は平成○○年○○月○○日までに、予約完結の意思表示をすることができる。

第３条（売買契約の成立）　乙が前条の意思表示をしたときは、甲乙間に売買契約が成立し、甲は乙の指定した日時に、第１条の売買代金の支払いと引換えに本件建物について所有権移転登記手続きをしなければならない。

２　乙は前項の登記手続きと引換えに、第１条の売買代金を支払わなければならない。

3 所有権移転登記手続きに要する費用は乙の負担とする。

第4条（仮登記） 甲は、乙が本予約に基づく所有権移転登記請求権を保全するための仮登記手続きに協力しなければならない。

第5条（費用負担） 本予約に関する費用および前条の登記手続きに要する費用は、乙の負担とする。

本契約の成立を証するため、本書2通を作成し、甲乙記名押印の上、各々その1通を保有する。

平成〇〇年〇〇月〇〇日

（甲）
住所　〇〇県〇〇市〇〇町〇丁目〇〇番〇〇号
氏名　〇〇　〇〇　　印
（乙）
住所　〇〇県〇〇市〇〇町〇丁目〇〇番〇〇号
氏名　〇〇　〇〇　　印

アドバイス

①建物売買についての予約契約書です。

②予約とは、当事者の一方または双方が、相手方に対する予約完結の意思表示を行なったときに契約が成立するものとする一種の契約です。本例では買取り予定者側が予約完結権を有する予約としました。

③予約完結権を保全するために仮登記をつけておくべきでしょう。仮登記をしておけば、万が一、売主が物件を第三者に売却してしまっても、予約完結権を行使して物件を手に入れることができます。

第5章

土地建物一括売買についての書式

1 土地建物売買契約
（基本パターン）

土地建物売買契約書

　売主〇〇〇〇（以下「甲」という）と買主〇〇〇〇（以下「乙」という）は、甲が所有する下記＜物件の表示＞に記載する土地および建物（以下「本物件」という）につき、以下の内容の土地建物売買契約を締結した。

記

＜物件の表示＞

1　所　　在　〇〇県〇〇市〇〇町〇丁目
　　地　　番　〇〇番〇
　　地　　目　〇〇
　　地　　積　〇〇.〇〇㎡
2　所　　在　〇〇県〇〇市〇〇町〇丁目〇〇番地〇
　　家屋番号　〇〇番〇
　　種　　類　〇〇
　　構　　造　〇〇〇〇
　　床 面 積　〇〇.〇〇㎡

第1条（売買代金）　甲は乙に対し、甲の所有する本物件を、金〇〇〇〇万円にて売り渡し、乙はこれを買い受ける。

第2条（支払時期）　乙は、前条に定める売買代金を下記のとおり、甲に支払う。

（1）　この契約成立と同時に手付金として金〇〇〇万円。

（2）　平成〇〇年〇〇月〇〇日までに第3条第1項の本物件の所有権移転登記申請と引換えに金〇〇〇〇万円。

2　手付金は売買代金に充当する。ただし、手付金には利息をつけない。

第3条（登記申請および引渡し）　甲は乙に対し、平成○○年○○月○○日までに本物件の所有権移転登記申請手続きを、第2条第1項第2号に定める代金の支払いと引換えに行なう。

2　前項の所有権移転登記手続きに伴う登記費用は乙の負担とする。

3　甲は、第1項の登記申請手続き完了後すみやかに、境界明示の上本物件を乙に引き渡す。

第4条（契約外事項）　本契約に定めのない事項については、その都度、甲乙協議して誠意をもって解決する。

本契約の成立を証するため、本書2通を作成し、甲乙記名押印の上、各々その1通を保有する。

平成○○年○○月○○日

　　　　　　　　売主（甲）
　　　　　　　　住所　○○県○○市○○町○丁目○○番○○号
　　　　　　　　氏名　○○　○○　　印
　　　　　　　　買主（乙）
　　　　　　　　住所　○○県○○市○○町○丁目○○番○○号
　　　　　　　　氏名　○○　○○　　印

アドバイス

①土地建物の売買に関し、特約などを省いたシンプルな契約書です。

②所有権の移転時期は、特約がなければ契約締結時とするのが判例です。したがって、所有権移転登記申請に際して登記原因証明情報に記載する所有権移転時期は契約締結日ということになります。公租公課の振り分けも、この時点を基準とすることになります。

③登記簿の記載にしたがって土地の面積を表示したとしても、それだけでは、売買価格を面積にしたがって定めた趣旨（数量指示売買）とはなりません。したがっ

て、登記簿上の面積と実測による面積が食い違っていても、特約がない限り、売買代金の増減調整を行なう必要はありません。
④手付については、民法上、解約手付（一度結んだ契約を後で解除できるとするために授受される金銭）とされ、特約がない限り、相手方が履行に着手するまでは、買主は手付金を放棄して、売主はその倍額を償還して契約を解除することができます。
⑤売主は売買の対象である賃借権などの負担のない完全な権利を移転する義務があり、完全な権利を移転できない場合には、民法上、当然に責任を負います（売主の担保責任）。とくに、売買の目的物に隠れた瑕疵（不完全な部分）がある場合には、買主はそのことを知った時から1年以内に限り、売主に対する損害賠償請求や、契約をした目的を達成できないときは契約の解除が可能です。
⑥契約締結時から物件の引渡時までに、売買の目的物が売主の責任によらない事由によって消滅した場合でも、買主は売買代金を支払わなければなりません。このような事態を防ぐためには、特約を設けるか、保険に加入するなどの対策をとる必要があります。
⑦契約書にとくに定めていなくても、契約の当事者は、他の一方がその落ち度（故意、過失）により契約に違反し、相当な期間を定めてその是正を催告しても違反が解消されない場合には、契約を解除し、かつ、損害の賠償を請求することができます。
⑧第一審管轄裁判所を特約で定めなかった場合には、訴訟は、被告の住所地、義務の履行地または不動産の所在地のうちのどれかを管轄する裁判所に提起することになります。

用語 数量指示売買

　数量指示売買というのは、数量を基礎にして価格が決定された売買のことです。たとえば、総面積3000㎡の土地を1㎡あたり50万円で買うから、総額15億円支払うといった場合が、これにあたります。
　目的物の数量が不足した場合、それを知らなかった買主は、知った時から1年以内に代金減額請求や損害賠償請求ができます。また、数量が不足していることを知っていたら買わなかっただろうという場合には、1年以内であれば契約を解除することもできます。逆に、数量がオーバーしていた場合には、代金の増額を請求することはできません。

用語 手付

　手付とは、契約締結の際に、買主から売主に渡される金銭のことです。
　厳密には、解約手付・証約手付・違約手付の3種類があります。一般に取引で使われる手付の大半は解約手付と呼ばれるものです。買主は手付金を放棄し、売主は手付の倍額を買主に渡すことで、それぞれ契約を白紙に戻すことができます。

2 土地建物売買契約
（実測精算なし）

土地建物売買契約書

　売主○○○○（以下「甲」という）と買主○○○○（以下「乙」という）は、甲が所有する下記＜物件の表示＞に記載する土地および建物（以下「本物件」という）につき、以下の内容の土地建物売買契約を締結した。

記

＜物件の表示＞
1　所　　在　○○県○○市○○町○丁目
　　地　　番　○○番○
　　地　　目　○○
　　地　　積　○○．○○㎡
2　所　　在　○○県○○市○○町○丁目○○番地○
　　家屋番号　○○番○
　　種　　類　○○
　　構　　造　○○○○
　　床面積　　○○．○○㎡

第1条（売買代金）　甲は乙に対し、甲の所有する本物件を、金○○○○万円にて売り渡し、乙はこれを買い受ける。

2　物件の本物件に関し、登記簿上の面積と実測面積に相違があっても、甲、乙ともに売買代金の増減等一切の異議を述べないものとする。

第2条（支払時期）　乙は、前条に定める売買代金を下記のとおり、甲に支払う。

（1）　この契約成立と同時に手付金として金○○○万円。

（2）　平成〇〇年〇〇月〇〇日までに第4条第1項の本物件の所有権移転登記申請と引換えに金〇〇〇〇万円。

2　手付金は売買代金に充当する。ただし、手付金には利息をつけない。

第3条（所有権の移転）　本物件の所有権は前条第1項第2号の所有権移転登記申請時に移転する。

2　甲は、本物件についての抵当権等乙の完全な所有権の行使を妨げる一切の負担を消滅させ、完全な所有権を移転しなければならない。

第4条（登記申請および引渡し）　甲は乙に対し、平成〇〇年〇〇月〇〇日までに本物件の所有権移転登記申請手続きを、第2条第1項第2号に定める代金の支払いと引換えに行なう。

2　前項の所有権移転登記手続きに伴う登記費用は乙の負担とする。

3　甲は、第1項の登記申請手続き完了後、境界明示の上、本物件を乙に引き渡す。

第5条（公租公課）　本物件の公租公課は、前条第3項に定める引渡しの日を基準とし、その前日までに対応する分を甲の負担とし、その日以降に対応する分は乙の負担とする。

第6条（契約の解除）　甲または乙が本契約に違反したときは、その相手方は、相当な期間を定めた催告の後、本契約を解除し、かつ、その損害の賠償を請求することができる。

第7条（費用負担）　この契約に要する費用は甲乙折半して負担する。

第8条（管轄裁判所）　本契約に関する訴訟は第一審管轄裁判所を〇〇地方裁判所とする。

第9条（契約外事項）　本契約に定めのない事項については、その都度、甲乙協議して誠意をもって解決する。

本契約の成立を証するため、本書2通を作成し、甲乙記名押印の上、各々その1通を保有する。

平成〇〇年〇〇月〇〇日

```
売主（甲）
住所　○○県○○市○○町○丁目○○番○○号
氏名　○○　○○　　印
買主（乙）
住所　○○県○○市○○町○丁目○○番○○号
氏名　○○　○○　　印
```

アドバイス

①土地の面積について、登記簿上の面積と実測した面積との相違があっても異議を唱えない旨が、第1条第2項に盛り込まれています。単位面積あたりの価格を基準として計算したことが明らかな場合以外は、実測精算の義務は生じないのですが、念のためにこのような条項を設けることがあります。

②前述した土地建物売買契約書（基本パターン）に公租公課、契約の解除、費用負担、管轄裁判所などの項目を加えています。

用語　抵当権

　抵当権とは、不動産を借金などの担保にすることです。債務者（借主）は、その不動産を自分で使用したり、賃貸収益をあげたりながら、借金を返していきます。そして、万一返済不能となったときには、債権者（貸主）がその不動産を競売にかけて現金化し、そこから優先的に回収することができるというものです。

　抵当権の特徴は、目的物の占有を設定者のもとにとどめる点にあります（占有非移転担保）。つまり、設定者は目的物を使用・収益でき、その利益を弁済に充てることができるため、債権者・設定者双方に都合のよい制度です。

　なお、抵当権を第三者に対抗（主張）するためには、登記が必要です（民法177条）。

3 土地建物売買契約
（融資のあっせんを行なう場合）

土地建物売買契約書

　売主○○不動産株式会社（以下「甲」という）と買主○○○○（以下「乙」という）は、甲が所有する下記＜物件の表示＞に記載する土地および建物（以下「本物件」という）につき、以下の内容の土地建物売買契約を締結した。

記

＜物件の表示＞
1　所　　在　○○県○○市○○町○丁目
　　地　　番　○○番○
　　地　　目　○○
　　地　　積　○○．○○㎡
2　所　　在　○○県○○市○○町○丁目○○番地○
　　家屋番号　○○番○
　　種　　類　○○
　　構　　造　○○○○
　　床面積　○○．○○㎡

第1条（売買代金）　甲は乙に対し、甲の所有する本物件を、金○○○○万円にて売り渡し、乙はこれを買い受ける。

2　引渡時において、物件の表示1の土地につきその実測面積に増減があるときは、1平方メートルあたり金○○○○円の割合で、売買代金を増減し精算する。

第2条（支払時期）　乙は、前条に定める売買代金を下記のとおり、甲に支払う。

（１）　この契約成立と同時に手付金として金〇〇〇万円。
　（２）　平成〇〇年〇〇月〇〇日までに第４条第１項の本物件の所有権移転登記申請と引換えに金〇〇〇〇万円。
２　手付金は売買代金に充当する。ただし、手付金には利息をつけない。

第３条（所有権の移転）　本物件の所有権は前条第１項第２号の所有権移転登記申請時に移転する。

２　甲は、本物件についての抵当権等乙の完全な所有権の行使を妨げる一切の負担を消滅させ、完全な所有権を移転しなければならない。

第４条（登記申請および引渡し）　甲は乙に対し、平成〇〇年〇〇月〇〇日までに本物件の所有権移転登記申請手続きを、第２条第１項第２号に定める代金の支払いと引換えに行なう。

２　前項の所有権移転登記手続きに伴う登記費用は乙の負担とする。

３　甲は、第１項の登記申請手続き完了後すみやかに、境界明示の上本物件を乙に引き渡す。

第５条（公租公課）　本物件の公租公課は、前条第３項に定める引渡しの日を基準とし、その前日までに対応する分を甲の負担とし、その日以降に対応する分は乙の負担とする。

第６条（契約の解除）　甲または乙が本契約に違反したときは、その相手方は、相当な期間を定めた催告の後、本契約を解除し、かつ、その損害の賠償を請求することができる。

第７条（購入資金のあっせん）　乙は、この契約締結後、甲のあっせんにより〇〇銀行との間に、本物件の購入を目的とする金〇〇〇〇万円の金銭消費貸借契約を締結する。

２　乙が平成〇〇年〇〇月〇〇日までに前項の金銭消費貸借契約を締結できない場合には、この契約は当然に効力を失う。この場合、甲は乙に対し、受領済の手付金を返還する。ただし、手付金には利息をつけない。

第８条（地位の承継）　乙は前条第１項の金銭消費貸借契約に基づく借入金額を弁済するまでは、甲の書面による承諾がなければ、この契約上の買主たる地位を第三者に譲渡することはできない。

第９条（費用負担）　この契約に要する費用は甲乙折半して負担する。

第10条（管轄裁判所）　本契約に関する訴訟は第一審管轄裁判所を○○地方裁判所とする。

第11条（契約外事項）　本契約に定めのない事項については、その都度、甲乙協議して誠意をもって解決する。

　本契約の成立を証するため、本書2通を作成し、甲乙記名押印の上、各々その1通を保有する。

平成○○年○○月○○日

　　　　　　　　売主（甲）
　　　　　　　　　○○県○○市○○町○丁目○○番○○号
　　　　　　　　　○○不動産株式会社
　　　　　　　　　取締役社長　　　　　○○　○○　印
　　　　　　　　買主（乙）
　　　　　　　　　○○県○○市○○町○丁目○○番○○号
　　　　　　　　　　　　　　　　　　　○○　○○　印

アドバイス

①分譲業者などが、金融機関と提携して購入者に対して融資のあっせんを行なう場合の契約書です。提携ローンの場合、金融機関があらかじめ物件の審査を終えていることが多く、融資決定までの期間が短くてすみます。

②提携ローンを組み込んだ契約の中には、提携ローンを利用しない（できない）場合には販売しないという拘束型と、買主が別途資金を用意できれば販売するという非拘束型がありますが、本契約書は拘束型の場合です。

③非拘束型は、売主が金融機関を紹介するというサービスを付随的に行なっているにすぎませんから、あえて売買契約書に盛り込む必要はありません。

4 土地建物売買契約
（土地売主と建物売主が違う場合）

土地建物売買契約書

　土地売主○○商事株式会社（以下「甲」という）および建物売主○○不動産株式会社（以下「乙」という）は、土地・建物買主○○○○（以下「丙」という）との間で、以下のとおり、土地建物売買契約を締結した。

第1条（目的）　土地を所有する甲および建物を所有する乙は、各々その所有する末尾記載の土地および建物（以下では「本物件」という）を丙に売り渡し、丙はこれを買い受ける。
2　売買代金は、下記のとおりとする。ただし、実測の結果、地積に増減が生じても精算は行なわないものとする。

土地代金	13,000,000 円
建物代金	9,000,000 円
合計	22,000,000 円

第2条（支払方法）　丙は、前条第2項に定める売買代金を下記のとおり甲および乙に支払う。
　　本件契約締結時に建物代金の内金として 1,500,000 円
　　建物引渡時に建物残代金として 7,500,000 円
　　平成○○年○○月○○日までに第3条の土地の所有権移転登記申請と引換えに土地代金として 13,000,000 円
第3条（登記および引渡し）　甲および乙は、平成○○年○○月○○日までに前条の土地代金の支払いと引換えに本物件の所有権移転登記を申請

する。また、同日までに、本物件の引渡しを行なうものとする。

第4条（負担の除去）　甲および乙は、第3条の引渡期日までに、その責任と負担で、本物件について抵当権等の担保権、地上権、賃借権等の用益権その他名目形式のいかんを問わず丙の完全な所有権の行使を阻害する一切の負担を除去しなければならない。

第5条（危険負担）　甲および乙が第3条の規定により乙に本物件を引き渡すまでの間に、甲乙または丙の責によらない事由により、右建物が滅失、または甚だしく毀損したときは、損失は甲および乙の負担とし、本契約は当然に解除されたものとする。

2　前項の毀損の程度が軽微である場合には、甲および乙が費用を負担して修繕をなすものとする。

第6条（瑕疵担保責任）　甲および乙は、丙に対し、本物件の隠れた瑕疵について、第3条の引渡しの日から○年間、民法第570条に基づく担保責任を負うものとする。

第7条（公租公課の負担）　本物件に対する公租公課は、第3条の引渡しの日の前日までのものは甲および乙が負担し、その日以後のものは丙が負担する。その負担額については、日割計算により精算するものとする。

第8条（契約の解除）　甲乙または丙のうちの一方は、相手方が本件契約の各条項に違反した場合、または、第5条に定める事由により本件契約の目的を達成できない場合には、本件契約の解除をすることができる。解除がなされた場合、甲乙は既に受け取った金員について、その受領の日から返還の日まで年6％の割合による利息を付して返還しなければならない。

第9条（費用の負担）　本件契約書の作成費用は、甲乙丙の均分による。また、甲および乙が前項の規定に従い行なう本物件の所有権移転登記に係る費用は、丙の負担とする。

第10条（規定外事項）　本契約に定めのない事項および本契約の解釈について疑義が生じた場合には、甲乙および丙が協議の上で、誠意をもって解決するものとする。

以上のとおり契約が成立したことを証するために、本書3通を作成し、甲乙丙記名押印の上、各自1通を保有する。

平成○○年○○月○○日

　　　　　　　　東京都○○区□□○丁目○番○号
　　　　　　　　甲（土地売主）　　　　○○商事株式会社
　　　　　　　　　　取締役社長　○○　○○　　　印

　　　　　　　　東京都○○区△△○丁目○番○号
　　　　　　　　乙（建物売主）・甲代理人　○○不動産株式会社
　　　　　　　　　　取締役社長　○○　○○　　　印
　　　　　　　　宅地建物取引主任者
　　　　　　　　○○県知事登録　第△△△号　○○　○○　印

　　　　　　　　○○県○○市□□○○○番地○○
　　　　　　　　丙（土地・建物買主）　　　○○　○○　　印

＜物件の表示＞
1　土地

所在	○○県○○市○○町○丁目
地番	○○番○
地目	宅地
地積	71.81㎡

2　建物

所在	○○県○○市○○町○丁目○○番地○
家屋番号	○○番○
種類・構造	居宅　木造瓦葺2階建
延床面積	105.54㎡

アドバイス

実際に土地を測量してみると登記簿上の面積と異なる場合があります。昔は測量に縄を使っていたことから、登記簿上の面積より実測した面積が広いことを縄伸び、狭いことを縄縮みといいます。本契約書では実測の結果、地積に増減が生じても精算は行なわないという条項を入れました。

用語 瑕疵担保責任

瑕疵担保責任とは、売買の目的物に隠れた瑕疵があった場合には、買主から売主に対して、損害賠償を請求することができます。瑕疵により契約の目的を達成することができない場合には契約を解除することもできます。

用語 隠れた瑕疵

隠れた瑕疵とは、取引をする場合において、一般に要求される注意義務をつくしても、見つけることができない欠陥のことをいいます。

5 区分所有建物売買契約

区分所有建物売買契約書

売主○○○○（以下「甲」という）と買主○○○○（以下「乙」という）は、甲が所有する下記＜物件の表示＞に記載する区分所有建物およびその敷地持分（以下「本物件」という）につき、以下の内容の区分所有建物売買契約を締結した。

記

＜物件の表示＞
一棟の建物の表示
　　名称　　○○○○
　　所在　　○○市○○町○丁目○○番地○
　　構造　　○○○○
　　延床面積　　○○○○．○○㎡
専有部分の表示
　　家屋番号　　○○町○丁目○○番地○の○○○
　　建物の名称　　○○○○
　　種類　　○○
　　構造　　○○○○
　　床面積　　○○．○○㎡
敷地権の表示
　　所在および地番　　○○市○○町○丁目○番○
　　地目　　○○
　　地積　　○○○○．○○㎡
　　敷地権の種類　　○○○

敷地権の割合＜（準）共有持分＞　○○○○分の○○○

第１条（売買代金）　甲は乙に対し、甲の所有する本物件を、金○○○○万円にて売り渡し、乙はこれを買い受ける。

第２条（支払時期）　乙は、前条に定める売買代金を下記のとおり、甲に支払う。
　（１）　この契約成立と同時に手付金として金○○○万円。
　（２）　平成○○年○○月○○日までに第４条の本物件の所有権移転登記申請と引換えに金○○○○万円。
２　手付金は売買代金に充当する。ただし、手付金には利息をつけない。

第３条（所有権の移転）　本物件の所有権は前条第１項第２号の所有権移転登記申請時に移転する。
２　甲は、本物件についての抵当権等乙の完全な所有権の行使を妨げる一切の負担を消滅させ、完全な所有権を移転しなければならない。

第４条（登記申請および引渡し）　甲は乙に対し、平成○○年○○月○○日までに本物件の所有権移転登記申請手続きを、第２条第１項第２号に定める代金の支払いと引換えに行なう。
２　前項の所有権移転登記手続きに伴う登記費用は乙の負担とする。
３　甲は、第１項の登記申請手続き完了後、本物件を乙に引き渡す。

第５条（瑕疵担保責任）　甲は、本物件の隠れた瑕疵についてはその引渡しの日から２年間に限り民法第570条に定める担保の責任を負う。

第６条（公租公課）　本物件の公租公課は、第４条第３項に定める引渡しの日を基準とし、その前日までに対応する分を甲の負担とし、その日以降に対応する分は乙の負担とする。

第７条（用途制限）　乙は、その専有部分を住宅以外の用に供してはならないものとする。

第８条（契約の解除）　甲または乙が本契約に違反したときは、その相手方は、相当な期間を定めた催告の後、本契約を解除し、かつ、その損害の賠償を請求することができる。

第９条（費用負担）　この契約に要する費用は甲乙折半して負担する。

第10条（管轄裁判所）　本契約に関する訴訟は第一審管轄裁判所を〇〇地方裁判所とする。

第11条（契約外事項）　本契約に定めのない事項については、その都度、甲乙協議して誠意をもって解決する。

　本契約の成立を証するため、本書2通を作成し、甲乙記名押印の上、各々その1通を保有する。

平成〇〇年〇〇月〇〇日

　　　　　　　　売主（甲）
　　　　　　　　住所　〇〇県〇〇市〇〇町〇丁目〇〇番〇〇号
　　　　　　　　氏名　〇〇　〇〇　　印
　　　　　　　　買主（乙）
　　　　　　　　住所　〇〇県〇〇市〇〇町〇丁目〇〇番〇〇号
　　　　　　　　氏名　〇〇　〇〇　　印

アドバイス

①区分所有建物の売買契約書です。区分所有建物は建物部分（専有部分プラス共用部分の持分）と敷地利用権がセットになって売買されます。

②区分所有建物とは、マンションやアパートなどの共同住宅のことです。

③区分所有建物の場合は、管理規約などで使用目的が限定されていることが多いので、買受人が他の目的に使用しないように、契約書の条項の中に使用目的を明記しておくとよいでしょう。管理規約は、物件の所有者が変更しても当然に新所有者に対して適用されますが、売買契約に使用目的等を明記しておけば、管理規約に基づく対抗措置以外に、売買契約に基づく対抗措置（極端な場合は契約解除、返還請求も含む）もとることができるようになります。

6 工場の売買契約

不動産売買契約書

　売主○○不動産株式会社（以下「甲」という）と、買主○○商事株式会社（以下「乙」という）とは、以下のとおり、不動産売買契約（以下「本契約」という）を締結した。

第1条（目的）　甲は、その所有する下記の土地および建物（以下では「本不動産」という）を乙に売り渡し、乙はこれを買い受ける。
2　売買代金は、19,000,000円とする。
3　実測の結果が本件土地の地積と違ったとしても、精算は行なわない。

土地	○○県○○市△△○丁目○番○
	宅地　1,600.00㎡
建物	アルミ箔製造工場　400.00㎡（付帯設備および機械を含む）

4　乙は、本契約の締結時に、第5条の所有権移転登記申請と引換えに第2項の代金全額を支払う。
第2条（境界の確定）　甲は、本契約の締結後、2週間以内に、現況測量図を作成して、本件土地とこれに隣接する土地および道路との境界を明示しなければならない。
2　甲および乙は、本件土地内に存する水路については、その境界について水路査定を受けるものとする。
3　南側道路の境界線については、境界を確定するために道路査定を受けるものとする。

第3条（引渡し）　甲は、第1条第4項の規定に従い代金全額を受領した後1か月以内に、本不動産を乙に引き渡すものとする。ただし、その際、本件建物内にある売買の対象物以外の設備を収去しなければならない。

第4条（所有権の移転）　甲が代金全額を受領すると同時に、本不動産の所有権は、甲から乙に移転する。

第5条（登記）　前条の代金全額の受領と引換えに、甲は、乙の費用負担をもって、本不動産の所有権移転登記の申請を行なう。

第6条（負担の除去）　甲は、第3条の引渡期日までに、その責任と負担で、本不動産について抵当権等の担保権、地上権、賃借権等の用益権その他名目形式のいかんを問わず乙の完全な所有権の行使を阻害する一切の負担を除去しなければならない。

第7条（公租公課等の負担）　本不動産に対する公租公課等は、第3条の引渡しの日の前日までのものは甲が負担し、その日以後のものは乙が負担し、その負担額については、日割計算により精算するものとする。

第8条（契約の解除）　甲乙のうちの一方は、相手方が本契約の各条項に違反した場合には、本契約の解除をして、本契約を遡及的に無効とすることができる。

第9条（損害賠償）　前条の規定により本契約を解除した者は、その相手方に対して、損害の賠償を請求することができる。

第10条（規定外事項）　本契約に定めのない事項および本契約の解釈について疑義が生じた場合には、甲および乙が協議の上で、誠意をもって解決するものとする。

　以上のとおり契約が成立したことを証するために、本書2通を作成し、甲乙記名押印の上、各自1通を保有する。

平成〇〇年〇〇月〇〇日

　　　　　　　　　　東京都○○区□□○丁目○番○号
　　　　　　　　　　甲（売主）　○○不動産株式会社
　　　　　　　　　　取締役社長　　○○　○○　　　㊞

　　　　　　　　　　東京都○○区□□○丁目○番
　　　　　　　　　　乙（買主）　○○商事株式会社
　　　　　　　　　　代表取締役　　○○　○○　　　㊞

　　　　　　　　　　宅地建物取引主任者
　　　　　　　　　　○○知事登録第△△△△号　○○　○○　　㊞

アドバイス

①土地と建物を一括して取引した場合の工場の売買契約書です。
②土地の境界は隣接地との境界だけではなく、水路や道路との境界も明確にしておきます。

用語　境界

　境界には、「公法上の境界」と「私法上の境界」があります。「公法上の境界」とは、一筆の土地と一筆の土地の境目のことをいいます。たとえば、○○町1丁目1番の土地と○○町1丁目2番の土地との境目が、「公法上の境界」です。これに対して、「私法上の境界」とは、隣接地の所有権との境目のことです。
　これは、隣地の所有者との取り決めによって定めることができます。

用語　地上権

　地上権とは、工作物や植林植物などの所有を目的として、他人の土地を使用する権利をいいます。不動産賃借権と似ていますが、①譲渡が自由であり、②地代を必ずしも必要とせず、③契約期間に制限がないという大きな違いがあります。なお、建物所有を目的とする地上権は、「借地権」として借地借家法により保護されます。

7 土地建物売買予約契約

土地建物売買予約契約書

　○○○○（以下「甲」という）と○○○○（以下「乙」という）は、甲が所有する下記＜物件の表示＞第１項に記載する土地（以下「本件土地」という）および＜物件の表示＞第２項に記載する建物（以下「本件建物」という。土地および建物をあわせて以下「本件土地建物」という）につき、以下の内容の土地建物売買予約契約を締結した。

記

＜物件の表示＞
1 　所　　　在　　○○県○○市○○町○丁目
　　地　　　番　　○○番○
　　地　　　目　　○○
　　地　　　積　　○○．○○㎡
2 　所　　　在　　○○県○○市○○町○丁目○○番地○
　　家 屋 番 号　　○○番○
　　種　　　類　　○○
　　構　　　造　　○○○○
　　床 面 積　　○○．○○㎡

第１条（代金）　本予約が完結された場合の、本件土地の売買代金は、金○○○○万円とし、本件建物の売買代金は、金○○○○万円とする。
第２条（予約完結の意思表示）　乙は平成○○年○○月○○日までに、予

約完結の意思表示をすることができる。

第3条（売買契約の成立） 乙が前条の意思表示をしたときは、甲、乙間に売買契約が成立し、甲は乙の指定した日時に、本件土地建物について第1条の売買代金の支払いと引換えに所有権移転登記手続きをしなければならない。

2　乙は前項の登記手続きと引換えに、第1条の売買代金を支払わなければならない。

3　所有権移転登記手続きに要する費用は乙の負担とする。

第4条（仮登記） 甲は、乙が本予約に基づく所有権移転登記請求権を保全するための仮登記手続きに協力しなければならない。

第5条（費用負担） 本予約に関する費用および前条の登記手続きに要する費用は、乙の負担とする。

　本契約の成立を証するため、本書2通を作成し、甲乙記名押印の上、各々その1通を保有する。

平成〇〇年〇〇月〇〇日

　　　　　　　　　（甲）
　　　　　　　　　住所　〇〇県〇〇市〇〇町〇丁目〇〇番〇〇号
　　　　　　　　　氏名　〇〇　〇〇　　　㊞
　　　　　　　　　（乙）
　　　　　　　　　住所　〇〇県〇〇市〇〇町〇丁目〇〇番〇〇号
　　　　　　　　　氏名　〇〇　〇〇　　　㊞

アドバイス

　土地と建物の双方の売買を一括して予約する契約書です。
　売買予約契約とは、当事者の一方の意思表示だけで本契約を成立できる仮の契約です。本件では、買主乙が「買います」と意思表示したときに、売主甲の意思表示がなくても売買の本契約が成立します。

8 土地とマンションおよび敷地との交換

交換に関する覚書

　株式会社○○○商事（以下「甲」という）と□□□□（以下「乙」という）は、平成○○年○月○日に締結した土地売買契約（以下「原契約」という）について、以下のとおり合意に達した。

第1条（目的）　甲は、原契約に基づく土地売買代金の支払いに代えて、後記区分所有建物およびその敷地持分（以下「本物件」という）を、乙に移転することができる。

2　甲が、前項の権利を行使する場合は、平成○○年○○月○○日までに、乙に対して書面により、意思表示をする。

3　甲および乙は各々、抵当権等の各種担保権、賃借権等の各種用益権、瑕疵、負担金、債務等、一切の負担のない完全な所有権を移転しなければならない。

第2条（交換差金）　本物件と原契約の土地を交換するときは、甲は、土地売買代金と本物件の評価額の差額として○○○万円を、乙に対して支払うものとする。

第3条（所有権移転登記）　本物件および原契約の土地の所有権移転登記は、前条の交換差金の支払いと同時に、平成□□年□月□日に申請する。

第4条（所有権の移転）　本物件の所有権の乙への移転および原契約の土地所有権の甲への移転は、前条の移転登記申請が行なわれたときとする。

第5条（引渡し）　甲および乙は各々、本物件および原契約の土地を、平

成□□年□月□日に引き渡すものとする。

第6条（瑕疵担保責任） 甲および乙は各々、本物件および原契約の土地に隠れたる瑕疵があった場合、民法第570条規定の担保責任を負う。

＜物件の表示＞
一棟の建物の表示
　　名称　○○○○
　　所在　○○市○○町○丁目○○番地○
　　構造　○○○○
　　延床面積　○○○○．○○㎡
専有部分の表示（○階○○号室）
　　家屋番号　○○町○丁目○○番地○の○○○
　　建物の名称　○○○○
　　種類　○○
　　構造　○○○○
　　床面積　○○．○○㎡
敷地権の表示
　　所在および地番　○○市○○町○丁目○番○
　　地目　○○
　　地積　○○○○．○○㎡
　　敷地権の種類　○○○
敷地権の割合＜（準）共有持分＞　○○○○分の○○○

平成△△年△月△日

　　　　　　　　　　（甲）　○○県○○市○○町○丁目○番○号
　　　　　　　　　　　　株式会社○○○商事
　　　　　　　　　　　　代表取締役　　○○　○○　　印
　　　　　　　　　　（乙）　□□県□□市□□町□丁目□番□号
　　　　　　　　　　　　　　　　□□　□□　　印

アドバイス

土地の買主が代金の支払いに代えて、マンション及び敷地を交換した覚書です。税法上、不動産の交換は、自分の不動産を売却して、別の不動産を取得したとされます。受け取った不動産の時価から譲渡所得を算出し、課税されます。不動産の時価は、土地であれば付近の売買の実例価格、公示価格、不動産鑑定士の鑑定価格等を参考に決められます。

第6章

土地の賃貸借についての書式

1 土地賃貸借契約

土地賃貸借契約書

　賃貸人○○○○（以下「甲」という）と賃借人○○○○（以下「乙」という）は、甲が所有する後記＜物件の表示＞に記載する土地（以下「本件土地」という）につき、以下の内容の土地賃貸借契約を締結した。

第1条（目的）　本賃貸借契約は、乙の建物所有を目的とするものである。
第2条（存続期間）　本契約の存続期間は、西暦○○○○年（平成○○年）○○月○○日より、西暦○○○○年○○月○○日までの30年間とする。
第3条（権利金）　乙は甲に対し、本契約成立時に賃借権設定の対価として金○○○万円を支払う。
第4条（保証金）　乙は甲に対し、本契約から生ずる乙の債務を担保するために保証金として金○○○○円を預託する。
2　前項の保証金は、本契約の終了後、乙が甲に対して負う本契約から生ずるすべての債務に充当した後に、甲から乙に返還される。
第5条（賃料）　賃料は1か月金○○万円とし、乙は毎月末、その翌月分の賃料を甲の指定する銀行口座に振り込む方法によって支払う。
2　前項の賃料が、土地に対する租税その他の公課の増減により、土地の価格の上昇もしくは低下その他の経済事情の変動により、または近傍類似の土地の地代等に比較して不相当となったときは、甲および乙は、賃料の増減を請求することができる。
第6条（事前承諾）　乙が以下の行為を行なう場合には、事前に甲の書面による承諾を得なければならない。
　（1）　賃借権の譲渡または転貸

（2） 本件土地上建物の増改築または大修繕

第7条（原状回復） 乙は、本契約が期間満了または解除その他の原因により終了したときは、直ちに本件土地を原状に復した上で明け渡さなければならない。

第8条（契約の解除） 甲または乙が本契約に違反したときは、その相手方は、相当な期間を定めた催告の後、本契約を解除し、かつ、その損害の賠償を請求することができる。

2 乙が賃料の支払いを3か月以上怠った場合には、甲は催告を要することなく本契約を解除することができる。

第9条（費用負担） この契約に要する費用は甲乙折半して負担する。

第10条（管轄裁判所） 本契約に関する訴訟は第一審管轄裁判所を○○地方裁判所とする。

第11条（契約外事項） 本契約に定めのない事項については、その都度、甲乙協議して誠意をもって解決する。

　本契約の成立を証するため、本書2通を作成し、甲乙記名押印の上、各々その1通を保有する。

平成○○年○○月○○日

　　　　　　　　　　　賃貸人（甲）
　　　　　　　　　　　住所　○○県○○市○○町○丁目○○番○○号
　　　　　　　　　　　氏名　○○　○○　　印
　　　　　　　　　　　賃借人（乙）
　　　　　　　　　　　住所　○○県○○市○○町○丁目○○番○○号
　　　　　　　　　　　氏名　○○　○○　　印

＜物件の表示＞
所　　在　○○県○○市○○町○丁目
地　　番　○○番○

```
地　目　　○○
地　積　　○○．○○㎡
```

アドバイス

①オーソドックスな土地の賃貸借契約書です。

②土地を所有することなく、建物保有のために土地を利用する手段としては、地上権の設定を受ける方法と賃借権の設定を受ける方法とがありますが、借地借家法は地上権、賃借権の両者を含むものとして借地権という概念を使用しています。

③建物所有を目的とする土地の賃貸借については借地借家法の適用があります。同法により、土地の賃貸借の存続期間は最低でも30年となります。契約で30年より短い期間を定めても、自動的に30年になります（ただし、一時使用であることが明らかである場合を除きます）。

④30年が経過した後、借地人が更新を請求した場合または更新を請求しなくとも土地の使用を継続する場合には、契約は一方的に更新され、さらに20年間存続します。その後も同様に更新されますが、2回目の更新からは存続期間は10年になります。

⑤更新に際して、借地権設定者は更新を拒絶することもできますが、この拒絶は、正当な事由がなければ認められません。実際には、ほとんど認められないと考えておかなければなりません。

⑥借地人の地位は、判例法理によっても保護されています。たとえば、借地人側に軽微な債務不履行があったとしても、借地人と借地権設定者との間で信頼関係を破壊するような事情が存在しなければ、解除が認められることはありません。

用語 債務不履行

　債務不履行とは、契約上の義務を果たさないことをいいます。細かくいうと、履行遅滞（約束の期日を守らない）、履行不能（自分の責任で契約が守れなくなった）、不完全履行（契約の実行内容が不完全だった）という種類があります。債務不履行があった場合、相手方は履行を催促して契約を解除したり、損害賠償を請求することができます。

2 土地賃貸借契約
（建物譲渡特約付）

土地賃貸借契約書

　賃貸人○○○○（以下「甲」という）と賃借人○○○○（以下「乙」という）は、甲が所有する下記＜物件の表示＞に記載する土地（以下「本件土地」という）につき、以下の内容の土地賃貸借契約を締結した。

記

＜物件の表示＞
所　　在　○○県○○市○○町○丁目
地　　番　○○番○
地　　目　○○
地　　積　○○．○○㎡

第１条（目的）　本賃貸借契約は、乙の建物所有を目的とするものである。

第２条（存続期間）　本契約の存続期間は、西暦○○○○年（平成○○年）○○月○○日より、西暦○○○○年○○月○○日までの30年間とする。

第３条（権利金）　乙は甲に対し、本契約成立時に賃借権設定の対価として金○○○万円を支払う。

第４条（保証金）　乙は甲に対し、本契約から生ずる乙の債務を担保するために保証金として金○○○○円を預託する。

２　前項の保証金は、本契約の終了後、乙が甲に対して負う本契約から生ずるすべての債務に充当した後に、甲から乙に返還される。

第５条（賃料）　賃料は１か月金○○万円とし、乙は毎月末、その翌月分の賃料を甲の指定する銀行口座に振り込む方法によって支払う。

２　前項の賃料が、土地に対する租税その他の公課の増減により、土地の

価格の上昇もしくは低下その他の経済事情の変動により、または近傍類似の土地の地代等に比較して不相当となったときは、甲および乙は、賃料の増減を請求することができる。

第6条（事前承諾） 乙が以下の行為を行なう場合には、事前に甲の書面による承諾を得なければならない。
（１）　賃借権の譲渡または転貸
（２）　本件土地上建物の増改築または大修繕

第7条（建物譲渡特約） 乙は甲に対し、本件契約の存続期間が満了する日の翌日（西暦〇〇〇〇年〇〇月〇〇日）に、乙が本件土地上に建築した建物を相当な対価で売り渡し、甲はこれを買い受ける。

２　前項の相当な対価については、甲乙が共同で依頼する不動産鑑定士の鑑定結果を基準としてこれを定める。

３　本契約に基づく借地権は、第１項の建物の譲渡により消滅する。

第8条（契約の解除） 甲または乙が本契約に違反したときは、その相手方は、相当な期間を定めた催告の後、本契約を解除し、かつ、その損害の賠償を請求することができる。

２　乙が賃料の支払いを３か月以上怠った場合には、甲は催告を要することなく本契約を解除することができる。

第9条（費用負担） この契約に要する費用は甲乙折半して負担する。

第10条（管轄裁判所） 本契約に関する訴訟は第一審管轄裁判所を〇〇地方裁判所とする。

第11条（契約外事項） 本契約に定めのない事項については、その都度、甲乙協議して誠意をもって解決する。

　本契約の成立を証するため、本書２通を作成し、甲乙記名押印の上、各々その１通を保有する。

平成〇〇年〇〇月〇〇日

賃貸人（甲）
住所　〇〇県〇〇市〇〇町〇丁目〇〇番〇〇号
氏名　〇〇　〇〇　　印
賃借人（乙）
住所　〇〇県〇〇市〇〇町〇丁目〇〇番〇〇号
氏名　〇〇　〇〇　　印

アドバイス

①建物譲渡特約付土地賃貸借契約とは、通常の借地権設定契約に、設定後30年以上経過した日に、借地人が所有する借地上の建物を借地権設定者が相当の対価で買い受ける旨の特約を付したものです。この場合、借地権の存続期間に関する借地借家法の規定の適用はなくなり、建物の買受けがあった日に賃貸借関係は終了します。

②期間50年以上の定期借地契約や、事業用借地契約では、契約書を書面や公正証書で作成することが要求されていますが、建物譲渡特約付借地権設定契約では、書面によることは法律上要求されていません。しかし、後日のトラブルを防ぐためには、書面にしておいたほうが望ましいでしょう。

用語　公正証書

公正証書とは、公証人という資格をもつ者が、当事者の申立てに基づいて作成する文書のことです（詳細については40ページ参照）。

3 土地一時賃貸借契約

一時使用土地賃借権設定契約書

　賃貸人○○○○（以下「甲」という）と賃借人○○○○（以下「乙」という）は、甲が所有する物件表示記載の土地（以下「本件土地」という）について、借地借家法（以下「法」という）第25条に定める一時使用目的の土地賃貸借契約を以下の条項にしたがって締結した（以下、本契約によって設定される借地権を「本件借地権」という）。

第1条（契約の目的）　甲は、乙に対し本件土地を第2条に定める一時使用を目的として賃貸し、乙はこれを一時使用を目的として賃借する。

2　本件借地権については、更新の請求および土地の使用の継続による契約の更新並びに建物の築造による存続期間の延長がなく、また、乙は、法第13条の規定による本件土地上の建物の買取りを請求することができない。

第2条（使用目的）　乙は、本件土地を建設工事の現場事務所の設置場所としてのみ使用し、その他の目的に使用しない。

第3条（存続期間）　本件借地権の存続期間は、
　平成○○年（西暦○○○○年）○○月○○日から
　平成○○年（西暦○○○○年）○○月○○日まで
　の○か月間とする。

第4条（賃料）　本件土地の賃料は、月額○○○○○○円とする。乙は、甲に対して、毎月○○日までに、その翌月分を甲が指定する金融機関口座に振り込むことにより支払わなければならない。

第5条（敷金）　乙は、本契約に基づいて生ずる乙の債務を担保するため、

本契約の成立後遅滞なく、甲に対し敷金として第4条に規定する賃料の〇か月分に相当する金員を預託しなければならない。

2　乙に賃料の不払いその他本契約に関して発生する債務の支払遅延が生じたときは、甲は、催告なしに敷金をこれらの債務の弁済に充当することができる。甲は、この場合には、弁済充当日、弁済充当額および費用を乙に書面で通知する。乙は、甲より充当の通知を受けた場合には、通知を受けた日から〇日以内に甲に対し敷金の不足額を追加して預託しなければならない。

3　本契約の終了に伴い乙が本件土地を原状に復して甲に返還した場合において、甲は、本契約に基づいて生じた乙の債務で未払いのものがあるときは敷金の額から未払債務額を差し引いた額を、また、未払いの債務がないときは敷金の額を、それぞれ遅滞なく乙に返還しなければならない。この場合において、返還すべき金員には利息を付さないものとする。

4　前項の場合において、未払債務額を差し引いて敷金を返還するときは、甲は、敷金から差し引く金額の内訳を乙に明示しなければならない。

5　乙は、本件土地を原状に復して甲に返還するまでの間、敷金返還請求権をもって甲に対する賃料その他の債務と相殺することができない。

6　乙は、敷金返還請求権を第三者に譲渡し、または担保に供してはならない。ただし、第6条第2項に規定する場合については、この限りでない。

第6条（借地権の譲渡、転貸）　乙は、甲の書面による承諾を得て、第三者に、本件借地権を譲渡し、または本件土地を転貸することができる。

2　甲が前項の譲渡に承諾を与えたときは、乙は本件借地権とともに甲に対する敷金返還請求権を当該第三者に譲渡し、甲はこれを承諾する。

第7条（契約の解除）　以下の各号の一に掲げる事由が乙に存する場合において、甲が相当の期間を定めて当該事由に係る義務の履行を乙に対し催告したにもかかわらず、乙がその期間内に当該義務を履行しないときは、甲は、本契約を解除することができる。ただし、本契約における当

事者間の信頼関係が未だ損なわれていないと認められるときは、この限りでない。
（1）　第4条に規定する賃料の支払いを1か月以上怠ったとき。
（2）　第5条第6項の規定に違反して、敷金返還請求権を譲渡しまたは担保に供したとき。
（3）　第6条第1項に規定する承諾を得ないで、第三者に本件借地権を譲渡しまたは本件土地を転貸したとき。
（4）　その他本契約の規定に違反する行為があったとき。

第8条（原状回復義務）　本契約が終了する場合には、乙は、自己の費用をもって本件土地に存する建物その他乙が本件土地に付属させた物を収去し、本件土地を原状に復して甲に返還しなければならない。

2　前項に規定する本件土地の返還が遅延した場合には、乙は、遅延期間に応じ、本件土地の賃料の○倍に相当する額の遅延損害金を甲に支払わなければならない。

第9条（管轄裁判所）　本契約に係る紛争に関する訴訟は、本件土地の所在地を管轄する地方裁判所を第一審の管轄裁判所とする。

第10条（協議）　本契約に定めのない事項または本契約の規定の解釈について疑義がある事項については、甲および乙は、民法その他の法令および慣行にしたがい、誠意をもって協議し、解決する。

平成○○年○○月○○日

　　　　　　　　　　　　東京都○○区○○町○丁目○番○号
　　　　　　　　　　　　甲（賃貸人）　　　　○○○○株式会社
　　　　　　　　　　　　　　代表取締役　　○○　○○　　　印

　　　　　　　　　　　　東京都○○区○○町○丁目○番○号
　　　　　　　　　　　　乙（賃借人）　　　　○○○○株式会社
　　　　　　　　　　　　　　代表取締役　　○○　○○　　　印

＜物件の表示＞
所在　〇〇県〇〇市〇〇町〇丁目
番地　〇〇番〇
地目　〇〇
地積　〇〇〇．〇〇㎡

アドバイス

①借地借家法は、弱い立場にある借り手を保護するために、借地契約の存続期間を一律に30年（以上）に法定しています。

②しかし、イベント会場や建設工事の現場事務所など、借地人も自ら望んで土地の短期利用を行なう場合もあるので、借地借家法は「臨時設備の設置その他一時使用のために借地権を設定したことが明らかな場合」には、借地借家法の存続期間の規定の適用がないものとしています。

③したがって、一時使用目的の土地賃貸借契約書を締結する場合においては、借地借家法の存続期間の規定が適用されることがないよう、契約の条項中に臨時設備の設置その他一時使用のために借地権を設定したことが明らかとなる文言を記載することが必要不可欠となります。
　たとえば「〇〇町地番〇〇〇において建築予定の〇〇マンションの建築工事に関する現場事務所の敷地としての使用を目的とする」とか、「平成〇〇年〇月より同年〇月まで開催する〇〇見本市における当社臨時展示施設（地上〇階建て延べ面積〇〇平方メートル）用地としての使用を目的とする」など、できるだけ詳細な一時使用目的を記載するべきでしょう。

4 一般定期借地権設定契約
（木造専用住宅）

定期借地権設定契約書

　賃貸人○○○○（以下「甲」という）と賃借人○○○○（以下「乙」という）は、甲が所有する土地表示記載の物件（以下「本件土地」という）について、借地借家法（以下「法」という）第22条に定める定期借地権の設定契約を以下の条項に従って締結した（以下、本契約によって設定される借地権を「本件借地権」という）。

記

＜物件の表示＞
　　所在　　○○県○○市○○町○丁目
　　番地　　○○番○
　　地目　　○○
　　地積　　○○○．○○㎡

第1条（契約の目的）　甲は、本件土地上に建築する物件表示記載の建物（以下「本件建物」という）の所有を目的として乙に本件土地を賃貸し、乙はこれを賃借する。

記

　　種類　　○○
　　構造　　○○○○
　　床面積　○○．○○㎡

2 本件借地権については、更新の請求および土地の使用の継続による契約の更新並びに建物の築造による存続期間の延長がなく、また、乙は、法第13条の規定による本件土地上の建物の買取りを請求することができない。

第2条（建物の建築義務等） 乙は、物件表示に記載する条件にしたがい、かつ、建築基準法その他の法令を遵守して本件建物を建築し、本件借地権の存続期間中、本件建物を良好な状態に維持しなければならない。

第3条（存続期間） 本件借地権の存続期間は、
平成○○年（西暦○○○○年）○○月○○日から
平成○○年（西暦○○○○年）○○月○○日まで
の50年間とする。

第4条（賃料） 本件土地の賃料は、月額○○○○○○円とする。乙は、甲に対して、毎月○○日までに、その翌月分を甲が指定する金融機関口座に振り込むことにより支払わなければならない。

2 甲または乙は、○年ごとに、以下に掲げる方式により算定した額に賃料を改定することを請求することができる。

改定賃料の年額＝（従前の賃料の年額－従前の賃料決定時の公租公課の年額）×変動率＋賃料改定時の公租公課の年額

ここに、公租公課とは、本件土地に係る固定資産税および都市計画税とする。変動率とは、賃料改定年において公表されている直近の年の年平均の総務省統計局の消費者物価指数（全国平均・総合）を従前の賃料決定時に採用した同消費者物価指数で除した数値とする。

3 前項の規定にかかわらず、賃料が、本件土地に対する租税その他の公課の増減により、土地の価格の上昇もしくは低下その他の経済事情の変動により、または近傍類似の土地の賃料等に比較して不相当となったときは、甲または乙は、将来に向かって賃料の増減を請求することができる。

第5条（敷金） 乙は、本契約に基づいて生ずる乙の債務を担保するため、

本契約の成立後遅滞なく、甲に対し敷金として第4条に規定する賃料の○か月分に相当する金員を預託しなければならない。

2　乙は、賃料が増額されたときは遅滞なく、甲に対し敷金として当該賃料の○か月分に相当する額に不足する金員を追加して預託し、また、甲は、賃料が減額されたときは遅滞なく、乙に対し当該賃料の○か月分に相当する額を超える部分の金員を返還しなければならない。

3　乙に賃料の不払いその他本契約に関して発生する債務の支払遅延が生じたときは、甲は、催告なしに敷金をこれらの債務の弁済に充当することができる。甲は、この場合には、弁済充当日、弁済充当額および費用を乙に書面で通知する。乙は、甲より充当の通知を受けた場合には、通知を受けた日から○日以内に甲に対し敷金の不足額を追加して預託しなければならない。

4　本契約の終了に伴い乙が本件土地を原状に復して甲に返還した場合において、甲は、本契約に基づいて生じた乙の債務で未払いのものがあるときは敷金の額から未払債務額を差し引いた額を、また、未払いの債務がないときは敷金の額を、それぞれ遅滞なく乙に返還しなければならない。この場合において、返還すべき金員には利息を付さないものとする。

5　前項の場合において、未払債務額を差し引いて敷金を返還するときは、甲は、敷金から差し引く金額の内訳を乙に明示しなければならない。

6　乙は、本件土地を原状に復して甲に返還するまでの間、敷金返還請求権をもって甲に対する賃料その他の債務と相殺することができない。

7　乙は、敷金返還請求権を第三者に譲渡し、または担保に供してはならない。ただし、第7条第2項に規定する場合については、この限りでない。

第6条（建物の増改築等）　乙は、本件建物を増改築し、または再築しようとする場合には、あらかじめ、その旨を甲に通知しなければならない。

第7条（借地権の譲渡、転貸）　乙は、甲の書面による承諾を得て、第三

者に、本件借地権を譲渡し、または本件土地を転貸することができる。
2 甲が前項の譲渡に承諾を与えたときは、乙は本件借地権とともに甲に対する敷金返還請求権を当該第三者に譲渡し、甲はこれを承諾する。

第8条（土地の譲渡） 甲は、本件土地を第三者に譲渡しようとする場合には、あらかじめ、その旨を乙に通知しなければならない。
2 甲は、本件土地を第三者に譲渡した場合には、乙に対する敷金返還債務を当該第三者に承継させなければならない。

第9条（契約の解除） 以下の各号の一に掲げる事由が乙に存する場合において、甲が相当の期間を定めて当該事由に係る義務の履行を乙に対し催告したにもかかわらず、乙がその期間内に当該義務を履行しないときは、甲は、本契約を解除することができる。ただし、本契約における当事者間の信頼関係が未だ損なわれていないと認められるときは、この限りでない。
（1） 第2条にしたがって本件建物の建築をしないとき。
（2） 第4条に規定する賃料の支払いを3か月以上怠ったとき。
（3） 第5条第7項の規定に違反して、敷金返還請求権を譲渡または担保に供したとき。
（4） 第6条に規定する通知を行なうことなく、本件建物を増改築しまたは再築したとき。
（5） 第7条第1項に規定する承諾を得ないで、第三者に本件借地権を譲渡しまたは本件土地を転貸したとき。
（6） その他本契約の規定に違反する行為があったとき。

第10条（原状回復義務） 本契約が終了する場合には、乙は、自己の費用をもって本件土地に存する建物その他乙が本件土地に付属させた物を収去し、本件土地を原状に復して甲に返還しなければならない。
2 本件借地権が存続期間の満了によって消滅する場合には、乙は期間満了○年前までに本件建物の取壊しおよび本件建物の賃借人の退去等本件土地の返還に必要な事項を書面により甲に報告しなければならない。
3 第1項に規定する本件土地の返還が遅延した場合には、乙は、遅延期間に応じ、本件土地の賃料の○倍に相当する額の遅延損害金を甲に支払

わなければならない。
第11条（登記）　甲および乙は、本契約を締結した後、遅滞なく本件土地について定期借地権設定登記をする。
2　本契約が終了した場合には、乙は、第5条の規定による甲の敷金の返還と引換えに、定期借地権設定登記を抹消する。
第12条（遅延損害金）　乙は、本契約に基づき甲に対して負担する賃料その他の債務の履行を遅滞したときは、甲に対して年〇％の割合による遅延損害金を支払わなければならない。
第13条（公正証書）　甲および乙は、本契約締結後遅滞なく、本契約を内容とする公正証書の作成を公証人に委嘱する。
第14条（管轄裁判所）　本契約に係る紛争に関する訴訟は、本件土地の所在地を管轄する地方裁判所を第一審の管轄裁判所とする。
第15条（協議）　本契約に定めのない事項または本契約の規定の解釈について疑義がある事項については、甲および乙は、民法その他の法令および慣行にしたがい、誠意をもって協議し、解決する。

平成〇〇年〇〇月〇〇日

　　　　　　　　　　　　東京都〇〇区〇〇町〇丁目〇番〇号
　　　　　　　　　　　　甲（賃貸人）　　〇〇〇〇株式会社
　　　　　　　　　　　　　　代表取締役　〇〇　〇〇　　印

　　　　　　　　　　　　東京都〇〇区〇〇町〇丁目〇番〇号
　　　　　　　　　　　　乙（賃借人）　　〇〇〇〇株式会社
　　　　　　　　　　　　　　代表取締役　〇〇　〇〇　　印

アドバイス

①借地借家法の前身である借地法の下では、借地契約の存続期間は、一律、最低30年（堅固建物であれば60年）であり、かつ、期間が満了しても地主は自ら

その土地に居住しなければならない事情などの正当事由がなければ借地契約の更新を拒絶することができませんでした。しかし、このような法制の下では、一度、土地を借地に出すと半永久的に地主の手元に戻らないこととなってしまうので、いきおい地主は土地を他人に貸そうとはしなくなりがちでした。

②そこで、借地借家法は、従来の借地権制度は存続させたまま、そのバリエーションとして存続期間を50年以上とする借地契約においては、借地契約の更新がない旨の特約を定めることができるという制度を導入しました。このような借地権を定期借地権といいます。

③定期借地権を設定する場合には存続期間の最低限は50年となります。これより短い期間を定めた場合には定期借地権とは認められず、通常の借地権になってしまうので注意してください。

④本契約書では第4条第2項において、改定賃料の算定式を導入してみました。このような手法は、いまだ一般的とはいえないかもしれません。しかし、存続期間が50年以上に及ぶので、賃料の改定方法については何らかの手当てが必要と思われます。

⑤定期借地権の設定契約は書面によって行なわなければなりません。法文上は「公正証書による等書面によって」とありますが、これは公正証書に限定する趣旨ではなく、書面でさえあればよいという意味です。

しかし、重要な権利に関する契約書となるので、念のために、公正証書を作成したほうが望ましいといえます。公正証書とする場合の詳細については、お近くの公証役場に問い合わせてみてください。

5 事業用借地権設定契約

事業用借地権設定契約公正証書

（前文）
　本公証人は、平成〇〇年〇〇月〇〇日、後記当事者の嘱託により、左の法律行為に関する陳述の趣旨を録取し、この証書を作成する。
（法律行為の本旨）
　賃貸人〇〇〇〇（以下「甲」という）と、賃借人〇〇〇〇（以下「乙」という）は、平成〇〇年〇〇月〇〇日、下記「物件の表示」記載の甲所有の土地について、借地借家法（平成3年法律第90号。以下「法」という）第24条（事業用借地権）第1項に規定する借地権の設定契約を次のとおり締結する。

記

＜物件の表示＞
1　所　　在　〇〇県〇〇市〇〇町〇丁目
　　地　　番　〇〇番〇
　　地　　目　〇〇
　　地　　積　〇〇.〇〇㎡
2　所　　在　〇〇県〇〇市〇〇町〇丁目〇〇番地〇
　　家屋番号　〇〇番〇
　　種　　類　〇〇
　　構　　造　〇〇〇〇
　　床 面 積　〇〇.〇〇㎡

第1条（契約の目的）　甲は、専ら△△の事業の用に供する上記「物件の

表示」（以下「物件表示」という）記載の建物（以下「本件建物」という）の所有を目的として、物件表示記載の土地（以下「本件土地」という）に、乙のために、法第24条第1項に規定する借地権（以下「事業用借地権」という）を設定する。

2　本契約により甲が乙のために設定する事業用借地権（以下「本件借地権」という）は賃借権とする。

3　本件借地権には、法第3条から第8条まで、第13条および第18条並びに民法第619条第1項の規定は適用されない。

第2条（建物の建築等）　乙は、本件土地に物件表示の記載と異なる建物または建物以外の構造物を建築してはならない。建築された建物または建物以外の構造物を改築または再築する場合も同様とする。

2　乙は、本件建物を、専ら△△の事業の用に供するものとし、その全部または一部を居住の用に供してはならない。

第3条（存続期間）　本件借地権の存続期間は、平成○○年○○月○○日から平成○○年○○月○○日までの20年間とする。

第4条（賃料）　本件土地の賃料は、月額○○万円とする。ただし、1か月未満の期間については、日割計算によるものとする。

2　乙は、翌月分の賃料を、毎月○○日までに甲が指定する金融機関口座に振り込むことにより、甲に対して支払わなければならない。

第5条（敷金）　乙は、賃料、第15条に規定する遅延損害金その他本契約に基づいて生ずる一切の乙の債務を担保するため、本契約が成立したときに、甲に対し敷金として○○○万円を預託しなければならない。

2　乙に賃料の不払いその他本契約に関して発生する債務の支払遅延が生じたときは、甲は、催告なしに敷金をこれらの債務の弁済に充当することができる。甲は、この場合には、弁済充当日、弁済充当額および費用を乙に書面で通知する。乙は、甲より充当の通知を受けた場合には、通知を受けた日から○日以内に甲に対し敷金の不足額を追加して預託しなければならない。

3　本契約の終了に伴い、乙が本件土地を原状に復して甲に返還し、かつ、第14条第1項に規定する事業用借地権設定登記の抹消および本件

建物の滅失登記がなされた場合において、甲は、本契約に基づいて生じた乙の債務で未払いのものがあるときは敷金の額から当該未払債務の額を差し引いた額を、また、未払いの債務がないときは敷金の額を、それぞれ遅滞なく乙に返還しなければならない。この場合において、返還すべき金員には利息を付さないものとする。

4　前項の場合において、未払債務額を差し引いて敷金を返還するときは、甲は、敷金から差し引く金額の内訳を乙に明示しなければならない。

5　乙は、本件土地を原状に復して甲に返還するまでの間、敷金返還請求権をもって甲に対する賃料その他の債務と相殺することができない。

6　乙は、敷金返還請求権を第三者に譲渡し、または担保に供してはならない。ただし、第8条第2項に規定する場合については、この限りでない。

第6条（土地の適正な使用）　乙は、善良な管理者の注意をもって本件土地を使用し、土壌の汚染等により原状回復が困難となるような使用をしてはならない。

2　乙は、騒音、振動、悪臭、有毒ガスまたは汚水の排出等によって近隣に迷惑となるような行為を行なってはならない。

第7条（建物の賃貸）　乙は、本件建物を第三者へ賃貸する場合は、次の各号に定めるところによらなければならない。

（1）　当該第三者との賃貸借契約（以下この条において「建物賃貸借契約」という）が、本件借地権の満了の〇か月前に終了するものとすること。

（2）　建物賃貸借契約において、法第38条（定期建物賃貸借）第1項の規定にしたがい、契約の更新がないこととする旨を定めること。

（3）　建物賃貸借契約の締結に先立ち、建物の賃借人に対し、法第38条第2項の規定による説明を行なうこと。

（4）　建物賃貸借契約の期間が1年以上である場合は、法第38条第4項の通知期間内に、建物の賃借人に対し、期間の満了により建物賃貸借契約が終了する旨の通知をすること。

第8条（借地権の譲渡、転貸）　乙は、第三者に、本件借地権を譲渡し、または本件土地を転貸しようとする場合は、あらかじめ、甲の書面による承諾を得なければならない。

2　甲が前項の譲渡に承諾を与えたときは、乙は本件借地権とともに甲に対する敷金返還請求権を当該第三者に譲渡するものとし、甲はこれを承諾する。

第9条（土地の譲渡）　甲は、本件土地を第三者に譲渡しようとする場合は、あらかじめ、その旨を乙に通知しなければならない。

2　甲は、本件土地を第三者に譲渡した場合には、乙に対する敷金返還債務を当該第三者に承継させなければならない。

第10条（承諾事項）　第8条第1項に規定する場合のほか、乙は、次の各号に掲げる行為を行なおうとする場合は、あらかじめ、甲の書面による承諾を得なければならない。

（1）　本件建物または本件建物以外の構造物についての物件表示記載の事項の変更（建築面積または延床面積の変更にあっては、〇割以内の面積の増減を除く）

（2）　本件土地の区画形質の変更

第11条（通知義務）　甲または乙は、次の各号の一に該当することとなった場合は、直ちに、その旨を本契約の相手方に書面により通知しなければならない。

（1）　氏名もしくは名称、代表者または住所もしくは主たる事務所の所在地を変更したとき。

（2）　合併または分割が行なわれたとき。

第12条（契約の解除）　次の各号の一に掲げる事由が乙に存する場合において、甲が相当の期間を定めて当該事由に係る義務の履行を乙に対し催告したにもかかわらず、乙がその期間内に当該義務を履行しないときは、甲は、本契約を解除することができる。ただし、本契約における当事者間の信頼関係が未だ損なわれていないと認められるときは、この限りではない。

（1）　第2条第1項の規定に違反して本件土地に物件表示と異なる建物

もしくは構造物を建築したときまたは同条第2項の規定に違反して本件建物の全部もしくは一部を居住の用に供したとき。
  （2）　第4条第1項に規定する賃料の支払を3か月以上怠ったとき。
  （3）　第5条第6項の規定に違反して、敷金返還請求権を譲渡しまたは担保に供したとき。
  （4）　第6条各項の規定に違反する本件土地の使用を行なったとき。
  （5）　第7条各号に定めるところによらず本件建物を第三者へ賃貸したとき。
  （6）　第8条第1項に規定する承諾を得ないで、本件借地権を第三者に譲渡しまたは本件土地を第三者に転貸したとき。
  （7）　第10条に規定する承諾を得ないで、同条各号に掲げる行為を行なったとき。
  （8）　その他本契約の規定に違反する行為があったとき。
2　乙について銀行取引の停止処分、国税等滞納処分または破産その他の法的整理手続きの開始の決定があったときは、甲は、直ちに本契約を解除することができる。前項但書の規定は、この場合における甲の解除について準用する。

第13条（原状回復義務）　本契約が終了する場合には、乙は、自己の費用をもって本件土地に存する建物その他乙が本件土地に付属させた物を収去し、本件土地を原状に復して甲に返還しなければならない。
2　本件借地権が存続期間の満了によって消滅する場合には、乙は、期間満了〇年前までに本件建物の取壊しおよび本件建物の賃借人の退去等本件土地の返還に必要な事項を書面により甲に報告しなければならない。
3　第1項に規定する本件土地の返還が遅延した場合には、乙は、遅延期間に応じ、本件土地の賃料の〇倍に相当する額の遅延損害金を甲に支払わなければならない。

第14条（登記）　甲および乙は、本契約を締結した後、遅滞なく、本件土地について事業用借地権設定登記をするものとする。
2　本契約が終了した場合には、甲および乙は、事業用借地権設定登記を抹消するものとする。

第 15 条（遅延損害金）　乙は、本契約に基づき甲に対して負担する賃料その他の債務の履行を遅滞したときは、甲に対して年○％の割合による遅延損害金を支払わなければならない。

第 16 条（契約費用等の負担）　本契約締結に係る公正証書作成費用、本件借地権設定登記に係る登録免許税その他の諸費用は、甲および乙がこれを折半して負担するものとする。

第 17 条（管轄裁判所）　本契約に係る紛争に関する訴訟は、本件土地の所在地を管轄する地方裁判所を第一審の管轄裁判所とするものとする。

第 18 条（協議）　本契約に定めのない事項または本契約の規定の解釈について疑義がある事項については、甲および乙は、民法その他の法令および慣行にしたがい、誠意をもって協議し、解決するものとする。

以上

本旨外要件

　　住　　所　　東京都○○区○○町○丁目○番○号
　　貸　　主　　○○　○○　　　印
　　住　　所　　東京都○○区○○町○丁目○番○号
　　職　　業　　○○○○
　　　　　　　　昭和○年○月○日生
上記の者は運転免許証を提出させてその人違いでないことを証明させた。
　　住　　所　　○○県○○郡○町○丁目○番○号
　　借　　主　　○○　○○　　　印
　　住　　所　　○○県○○郡○町○丁目○番○号
　　職　　業　　○○○
　　　　　　　　昭和○年○月○日生
上記の者は印鑑証明書を提出させてその人違いでないことを証明させた。
上記列席者に閲覧させたところ、各自その内容の正確なことを承認し、下記に署名・押印する。

○○　○○　印
○○　○○　印
　この証書は、平成○○年○月○日、本公証役場において作成し、下記に署名・押印する。

　　　　　　　　　　　　　　東京都○○区○○町○丁目○番○号
　　　　　　　　　　　　　　　東京法務局所属
　　　　　　　　　　　　　　　　　公証人　○○　○○　　印

　この正本は、平成○○年○月○日、貸主○○○○の請求により下記本職の役場において作成した。

　　　　　　　　　　　　　　　東京法務局所属
　　　　　　　　　　　　　　　　　公証人　○○　○○　　印

アドバイス

①借地借家法の手厚い借地人保護の規定が不適当な場合として、事業用の借地権を設定する場合があげられます。たとえば、量販店や郊外型のレストランなど、事業目的の会社と地主との借地権を成立しやすくしています。もともと、借地借家法は立場の弱い借地人を保護するために制定された法律ですので、借主に十分な交渉能力がある場合には、借地人に有利な条項の適用を排除しても問題がないはずです。

そこで、専ら事業の用に供する建物の所有を目的とし、かつ、存続期間を10年以上20年以下に設定する場合には、存続期間や更新の規定の適用がないものとしました。

②事業用の建物といっても、住宅賃貸を事業目的とすることはできません。これを認めると弱い立場の借家人の保護に欠けることとなるからです。

③事業用借地権の設定契約は、通常の借地契約に比べて借地人に不利な内容を伴うので、正確を期すために公正証書によって作成しなければいけません。

④本書式では、公証人が記入すべき文言もサンプルとして記載してありますが、この部分は公証人の責任において記載される部分ですので、事前に公証人と相談をして、どのような体裁にするのか、十分な打ち合わせを行なってください。

6 駐車場使用契約

駐車場賃貸借契約書

第1条（契約の締結） 賃貸人（以下「甲」という）および賃借人（以下「乙」という）は、下記駐車場（以下「本件物件」という）について、以下の条項により賃貸借契約（以下「本契約」という）を締結した。

記

＜物件の表示＞
　　所　　在　　○○県○○市○○町○丁目
　　地　　番　　○○番○
　　地　　目　　○○
　　地　　積　　○○．○○㎡

第2条（契約期間） 契約期間は、平成○○年○○月○○日から2年間とする。

2　甲および乙は、協議の上、本契約を更新することができる。

第3条（使用目的） 乙は、あらかじめ甲に届け出た自家用普通乗用車の駐車を目的として本物件を使用しなければならない。

第4条（賃料） 賃料は月額金○○○○円とし、乙は毎月末日限り翌月分を甲の指定する金融機関に振り込まなければならない。

2　1か月に満たない期間の賃料は、1か月を30日として日割計算した額とする。

3　甲および乙は、次の各号の一に該当する場合には、協議の上、賃料を改定することができる。

（1）　土地に対する租税その他の負担の増減により賃料が不相当となっ

た場合
（2） 土地の価格の上昇または低下その他の経済事情の変動により賃料が不相当となった場合
（3） 近傍同種の駐車場の賃料に比較して賃料が不相当となった場合

第5条（保証金） 乙は、本契約から生じる債務の担保として、保証金として金〇〇〇円（無利息）を甲に預け入れるものとする。

2 乙は、本物件を明け渡すまでの間、保証金をもって賃料その他の債務と相殺をすることができない。

3 甲は、本物件の明渡しがあったときは、遅滞なく、保証金の全額を無利息で乙に返還しなければならない。ただし、甲は、本物件の明渡時に、賃料の滞納、原状回復に要する費用の未払いその他の本契約から生じる乙の債務の不履行が存在する場合には、当該債務の額を保証金から差し引くことができる。

4 前項但書の場合には、甲は、保証金から差し引く債務の額の内訳を乙に明示しなければならない。

第6条（禁止または制限される行為） 乙は、甲の書面による承諾を得ることなく、本物件の全部または一部につき、賃借権を譲渡し、または転貸してはならない。

2 乙は、本物件の使用にあたり、本物件に建物その他工作物を設置し、または現状に変更を加えてはならない。

第7条（契約の解除） 甲は、乙が第4条第1項に規定する賃料支払義務に違反した場合において、甲が相当の期間を定めて当該義務の履行を催告したにもかかわらず、その期間内に当該義務が履行されないときは、本契約を解除することができる。

第8条（乙からの解約） 乙は、甲に対して少なくとも30日前に解約の申入れを行なうことにより、本契約を解約することができる。

2 前項の規定にかかわらず、乙は、30日分の賃料を甲に支払うことにより、直ちに本契約を解約することができる。

第9条（管轄裁判所） 本契約に関する訴訟の第一審管轄裁判所は〇〇地方裁判所とする。

第10条（協議） 甲および乙は、本契約書に定めがない事項および本契約書の条項の解釈について疑義が生じた場合は、民法その他の法令および慣行にしたがい、誠意をもって協議し、解決するものとする。

平成○○年○月○日

　　　　　　　　　東京都○○区○○町○丁目○番○号
　　　　　　　　　甲（賃貸人）　　　　○○○○株式会社
　　　　　　　　　　　代表取締役　○○　○○　　　印

　　　　　　　　　東京都○○区○○町○丁目○番○号
　　　　　　　　　乙（賃借人）　　　　○○○○株式会社
　　　　　　　　　　　代表取締役　○○　○○　　　印

アドバイス

①駐車場賃貸借契約は、建物所有を目的とするものではないので借地借家法の適用はありません。民法の賃貸借の規定によることとなります。したがって、法定の存続期間もありませんし、法律によって強制される更新もありません。

②複数の利用者がいる駐車場の場合は、駐車場利用者間の接触等のトラブルについて貸主は責任を負わない旨の条項を盛り込む必要があるかもしれません。また、大規模な駐車場であれば、貸主の側で損害保険に加入することも検討すべきでしょう。

③保証金（敷金）とは、未払賃料や借主が目的物に損害を与えた場合の修理費等に充てられる担保です。契約終了後、残高があれば借主に返還されるケースが多いのですが、場合によっては「償却」の名目で貸主が保証金の一部を礼金や権利金として受領することがあります。

④第5条の「相殺」とは、お互いに貸し金を持つ者同士が同じ金額について貸し借りをゼロとすることです。本契約書の賃借人乙は契約終了後に本物件を明け渡すまで保証金の返還請求ができませんので、契約中に保証金と賃料を相殺することはできません。

⑤第5条の「原状回復」とは、土地に持ち込んだものを撤去する、土地に加えた変更を元に戻すということです。

7 借地権譲渡契約

借地権譲渡契約書

○○○○（以下「甲」という）は、第1条記載の土地（以下「本物件」という）に関する賃借権を○○○○（以下「乙」という）に譲渡し、乙はこれを譲り受ける。

第1条（本契約の目的） 甲が乙に譲渡する賃借権の内容は以下のとおりとする。
（1） 物件の表示
所在　○○県○○市○○町○丁目
地番　○○番○
地目　○○
地積　○○．○○㎡
（2） 契約の種類　　賃貸借契約
（3） 目　　的　　建物所有
（4） 賃　貸　人　（住所）
　　　　　　　　　　（氏名）
（5） 契約の期間　　平成○○年○○月○○日から、平成○○年○○月○○日までの30年間
（6） 借　　賃　　1か月金○○万円
（7） 敷　　金　　金○○○万円
（8） 特　　約　　借地権の譲渡および転貸の禁止、無断増改築の禁止

第2条（借地権の譲渡代金） 借地権譲渡の対価は金〇〇〇万円とする。

2 乙は、この契約成立と同時に手付金として金〇〇〇万円を、第5条の本物件の引渡しと引換えに、金〇〇〇万円を、甲に支払うものとする。

3 手付金は借地権譲渡の対価に充当する。ただし、手付金には利息をつけない。

第3条（借地権の移転） 甲は乙に対し、瑕疵のない借地権を移転するものとする。

第4条（借地権設定者の承諾） 甲は、本契約締結後30日以内に、甲から乙への借地権譲渡についての借地権設定者（以下「丙」という）の承諾を文書によって得なければならない。

2 借地権譲渡についての借地権設定者の承諾料、名義書換料等、借地権を取得するために必要な費用は、すべて甲の負担とする。

第5条（本物件の引渡し） 甲は、前条第1項に定める承諾があった後30日以内に本物件を乙に引き渡さなければならない。

第6条（解除） 第4条第1項に定める期日までに、甲が丙から借地権譲渡に関する承諾を得られなかったときは、本契約は当然に解除されるものとする。

2 前項による解除の場合には、甲は、すでに支払われた手付金をすみやかにかつ無利息で乙に返還するものとする。

第7条（管轄裁判所） 本契約に関する訴訟の第一審管轄裁判所は〇〇地方裁判所とする。

第8条（協議） 甲乙は信義則に則って本契約を誠実に履行し、この契約書に定めていない事項について疑義または紛争が生じた場合には、甲乙協議の上、誠意をもってこれを解決する。

以上の契約の成立を証するため、本契約書2通を作成し、甲乙各1通を保有する。

平成〇〇年〇〇月〇〇日

○○県○○市○○町○丁目○番○号
甲（譲渡人）　　　　　　　○○　○○　　印

○○県○○市○○町○丁目○番○号
乙（譲受人）　　　　　　　○○　○○　　印

アドバイス

①借地権の譲渡には地主の承諾が必要です。承諾に際して、地主は、通常、承諾料を要求します。承諾料にも相場があるので、不動産業者などを通じて事前に調査しておく必要があるでしょう。

②地主の承諾が得られない場合、借地権者は、裁判所に申し立てて、地主の承諾に代わる許可を得ることができます。この申立てを行なうことができるのは借地人（つまり借地権譲渡人）のみですから、借地権譲受人がこの手段を望むのであれば、「借地権設定者が本件借地権の譲渡を承諾しないときは、（借地権譲渡人）は、裁判所に対し借地借家法第19条第1項に定める借地権設定者の承諾に代わる許可を得るための申立てをしなければならない」との条項を盛り込むことになります。

第7章

建物の賃貸借についての書式

1 賃貸住宅標準契約

賃貸住宅標準契約書

（1） 賃貸借の目的物

建物の名称・所在地等	名　称	桜マンション			
	所在地	東京都渋谷区桜丘町○-○-○			
	建て方	<u>共同建</u>	構造	木　造	工事完了年
		長屋建		<u>非木造</u>	2000年大修繕等を実施
		一戸建		5　階建	
		その他	戸　数	1　戸	

住戸部分	住戸番号	501号室	間取り	（ 1 ） <u>LDK</u> DK・K／ワンルーム／
	面　積	40.57 ㎡		
	設備等	トイレ	専用（ <u>水洗</u>・非水洗 ）・共用（ 水洗・非水洗 ）	
		浴室	<u>有</u>　無	
		シャワー	<u>有</u>　無	
		給湯設備	<u>有</u>　無	
		ガスコンロ	<u>有</u>　無	
		冷暖房設備	<u>有</u>　無	
		使用可能電気容量	（ 40 ）アンペア	
		ガス	有（ <u>都市ガス</u>・プロパンガス ）・無	
		上下水道	<u>水道本管より直結</u>・受水槽・井戸水	
		下水道	有（ <u>公共下水道</u>・浄化槽 ）・無	

附属施設	駐車場	<u>含む</u>　含まない
	自転車置場	<u>含む</u>　含まない
	物置	<u>含む</u>　含まない
	専用庭	含む　<u>含まない</u>

（2） 契約期間

始　期	2008年　4月　1日から	2　年　月間
終　期	2010年　3月31日まで	

(3) 賃料等

賃料・共益費		支払期限	支払方法	
賃　料	金180,000円	当月分・㊀翌月分㊀を毎月　末　日まで	振込又は持参	振込先金融機関名：中央銀行桜丘町支店 預金：㊀普通㊀・当座 口座番号：×××× 口座名義人：甲山　一郎
共益費	金10,000円	当月分・㊀翌月分㊀を毎月　末　日まで		持参先：
敷　金	賃料2か月相当分 金360,000円	その他一時金		
付属施設使用料	駐車場使用料月 30,000 円　自転車置場使用料月 300 円			
その他				

(4) 貸主及び管理人

貸主 (社名・代表者)	住所　〒150-0031　東京都渋谷区桜丘町○-○-○ 氏名　甲山　一郎　　電話番号 03-××××-××××
管理人 (社名・代表者)	住所　〒150-0042　東京都渋谷区宇田川町○-○-○ 氏名　宇田川管理　丙村　太郎　　電話番号 03-××××-××××

※貸主と建物の所有者が異なる場合は、次の欄も記載すること。

建物の所有者	住所　〒 氏名　　　　　　　　電話番号

(5) 借主及び同居人

	借主	同居人
氏　　名	乙川　義男	合計1人
緊急時の連絡先	住所　〒154-0024　東京都世田谷区三軒茶屋○-○-○ 氏名　乙川　義一　電話番号 03-××××-×××× 借主との関係　兄	

下記貸主（甲）と借主（乙）は、本物件について上記のとおり賃貸借契約を締結したことを証するため、本契約書2通を作成し、記名押印の上、各自その1通を保有する。

2008年3月20日

貸主（甲）　　住所　東京都渋谷区桜丘町○-○-○
　　　　　　　氏名　甲山　一郎　　　　　　印

借主（乙）　　住所　東京都世田谷区用賀○-○-○
　　　　　　　氏名　乙川　義男　　　　　　印

連帯保証人　　住所　東京都世田谷区三軒茶屋○-○-○
　　　　　　　氏名　乙川　義一　　　　　　印

㊙媒介　　　　免許証番号〔東京〕㊙知事・国土交通大臣（×）第××××号
　業者
代理　　　　　事務所所在地　東京都世田谷区宇田川町○-○-○
　　　　　　　商号（名称）　宇田川管理
　　　　　　　代表者氏名　　丙村　太郎　　印
　　　　　　　宅地建物取引主任者　登録番号〔東京〕知事第××××号
　　　　　　　　　　　　　　　　氏名　森山　智子　印

第1条（契約の締結）　貸主（以下「甲」という）および借主（以下「乙」という）は、頭書に記載する賃貸借の目的物（以下「本物件」という）について、以下の条項により賃貸借契約（以下「本契約」という）を締結した。

第2条（契約期間）　契約期間は、頭書に記載するとおりとする。

2　甲および乙は、協議の上、本契約を更新することができる。

第3条（使用目的）　乙は、居住のみを目的として本物件を使用しなければならない。

第4条（賃料）　乙は、頭書の記載にしたがい、賃料を甲に支払わなければならない。

2　1か月に満たない期間の賃料は、1か月を30日として日割計算した額とする。

3　甲および乙は、次の各号の一に該当する場合には、協議の上、賃料を改定することができる。

　（1）　土地または建物に対する租税その他の負担の増減により賃料が不相当となった場合

　（2）　土地または建物の価格の上昇または低下その他の経済事情の変動により賃料が不相当となった場合

　（3）　近傍同種の建物の賃料に比較して賃料が不相当となった場合

第5条（共益費）　乙は、階段、廊下等の共用部分の維持管理に必要な光熱費、上下水道使用料、清掃費等（以下この条において「維持管理費」という）に充てるため、共益費を甲に支払うものとする。

2　前項の共益費は、頭書の記載にしたがい、支払わなければならない。

3　1か月に満たない期間の共益費は、1か月を30日として日割計算した額とする。

4　甲および乙は、維持管理費の増減により共益費が不相当となったときは、協議の上、共益費を改定することができる。

第6条（敷金）　乙は、本契約から生じる債務の担保として、頭書に記載する敷金を甲に預け入れるものとする。

2 乙は、本物件を明け渡すまでの間、敷金をもって賃料、共益費その他の債務と相殺をすることができない。

3 甲は、本物件の明渡しがあったときは、遅滞なく、敷金の全額を無利息で乙に返還しなければならない。ただし、甲は、本物件の明渡時に、賃料の滞納、原状回復に要する費用の未払いその他の本契約から生じる乙の債務の不履行が存在する場合には、当該債務の額を敷金から差し引くことができる。

4 前項但書の場合には、甲は、敷金から差し引く債務の額の内訳を乙に明示しなければならない。

第7条（禁止または制限される行為） 乙は、甲の書面による承諾を得ることなく、本物件の全部または一部につき、賃借権を譲渡し、または転貸してはならない。

2 乙は、甲の書面による承諾を得ることなく、本物件の増築、改築、移転、改造もしくは模様替えまたは本物件の敷地内における工作物の設置を行なってはならない。

3 乙は、本物件の使用にあたり、別表第1に掲げる行為を行なってはならない。

4 乙は、本物件の使用にあたり、甲の書面による承諾を得ることなく、別表第2に掲げる行為を行なってはならない。

5 乙は、本物件の使用にあたり、別表第3に掲げる行為を行なう場合には、甲に通知しなければならない。

第8条（修繕） 甲は、別表第4に掲げる修繕を除き、乙が本物件を使用するために必要な修繕を行なわなければならない。この場合において、乙の故意または過失により必要となった修繕に要する費用は、乙が負担しなければならない。

2 前項の規定に基づき甲が修繕を行なう場合は、甲は、あらかじめ、その旨を乙に通知しなければならない。この場合において、乙は、正当な理由がある場合を除き、当該修繕の実施を拒否することができない。

3 乙は、甲の承諾を得ることなく、別表第4に掲げる修繕を自らの負担において行なうことができる。

第9条（契約の解除）　甲は、乙が次に掲げる義務に違反した場合において、甲が相当の期間を定めて当該義務の履行を催告したにもかかわらず、その期間内に当該義務が履行されないときは、本契約を解除することができる。
（１）　第４条第１項に規定する賃料支払義務
（２）　第５条第２項に規定する共益費支払義務
（３）　前条第１項後段に規定する費用負担義務
２　甲は、乙が次に掲げる義務に違反した場合において、当該義務違反により本契約を継続することが困難であると認められるに至ったときは、何ら催告を要することなく、本契約を解除することができる。
（１）　第３条に規定する本物件の使用目的遵守義務
（２）　第７条各項に規定する義務
（３）　その他本契約書に規定する乙の義務
第10条（乙からの解約）　乙は、甲に対して少なくとも30日前に解約の申入れを行なうことにより、本契約を解約することができる。
２　前項の規定にかかわらず、乙は、30日分の賃料相当額を甲に支払うことにより、直ちに本契約を解約することができる。
第11条（明渡し）　乙は、本契約が終了する日までに（第９条の規定に基づき本契約が解除された場合にあっては、直ちに）、本物件を明け渡さなければならない。この場合において、乙は、通常の使用に伴い生じた本物件の損耗を除き、本物件を原状回復しなければならない。
２　乙は、前項前段の明渡しをするときには、明渡日を事前に甲に通知しなければならない。
３　甲および乙は、第１項後段の規定に基づき乙が行なう原状回復の内容および方法について協議するものとする。
第12条（立入り）　甲は、本物件の防火、本物件の構造の保全その他の本物件の管理上特に必要があるときは、あらかじめ乙の承諾を得て、本物件内に立ち入ることができる。
２　乙は、正当な理由がある場合を除き、前項の規定に基づく甲の立入りを拒否することはできない。

3 本契約終了後において本物件を賃借しようとする者または本物件を譲り受けようとする者が下見をするときは、甲および下見をする者は、あらかじめ乙の承諾を得て、本物件内に立ち入ることができる。
4 甲は、火災による延焼を防止する必要がある場合その他の緊急の必要がある場合においては、あらかじめ乙の承諾を得ることなく、本物件内に立ち入ることができる。この場合において、甲は、乙の不在時に立ち入ったときは、立入後その旨を乙に通知しなければならない。

第13条（連帯保証人） 連帯保証人は、乙と連帯して、本契約から生じる乙の債務を履行するものとする。

第14条（協議） 甲および乙は、本契約書に定めがない事項及び本契約書の条項の解釈について疑義が生じた場合は、民法その他の法令及び慣行にしたがい、誠意をもって協議し、解決するものとする。

第15条（特約条項） 本契約の特約については、下記のとおりとする。
（1） ○○○○○○○○
（2） ○○○○

別表第1 （第7条第3項関係）

一	鉄砲、刀剣類または爆発性、発火性を有する危険な物品等を製造または保管すること。
二	大型の金庫その他重量の大きな物品等を搬入し、または備え付けること。
三	排水管を腐食させるおそれのある液体を流すこと。
四	大音量でテレビ、ステレオ等の操作、ピアノ等の演奏を行なうこと。
五	猛獣、毒蛇等の明らかに近隣に迷惑をかける動物を飼育すること。

別表第2 （第7条第4項関係）

一	階段、廊下等の共用部分に物品を置くこと。
二	階段、廊下等の共用部分に看板、ポスター等の広告物を掲示すること。
三	観賞用の小鳥、魚等であって明らかに近隣に迷惑をかけるおそれのない動物以外の犬、猫等の動物（別表第1第五号に掲げる動物を除く）を飼育すること。

別表第3 （第7条第5項関係）

一	頭書（5）に記載する同居人に新たな同居人を追加（出生を除く）すること。
二	1か月以上継続して本物件を留守にすること。

別表第4 （第8条関係）

畳表の取替え、裏返し	ヒューズの取替え
障子紙の張替え	給水栓の取替え
ふすま紙の張替え	排水栓の取替え
電球、蛍光灯の取替え	その他費用が軽微な修繕

アドバイス

①一般的なマンション等の建物の賃貸借契約書です。国土交通省が契約のモデルを作成しており、本契約書は「賃貸住宅標準契約書」です。この契約書は、国土交通省のホームページからダウンロードすることができます。本契約書は、これまでの契約書とは形式が異なっていますが、契約書の形式は自由なので、このような形式でもかまいません。

②「協議の上、本契約を更新できる」と規定しても、協議をしなかった場合や更新の合意が得られなかった場合でも契約は当然更新されたものとして扱われます。これを法定更新といいます。

③敷金は、借主の債務不履行を担保するお金です。家主は契約終了時に、借主の未払いの家賃や共益費、過失により床や壁等の設備を破損・汚損させてしまった場合の修理費を敷金から差し引き、その残額を借主に返還します。ただし、設備は通常の使用でもある程度の減耗は当然のことなので、この場合でも借主に過失があるとはいえません。具体的なケースは国土交通省や東京都の賃貸住宅に関するガイドラインがありますのでそれを参考にするといいでしょう。

④禁止または制限される行為として、契約書で禁止している事項や賃貸人の承諾を必要とする事項を定めます。賃借権の無断譲渡や無断転貸のほか、危険物の製造・保管、大音量でのテレビ・ステレオの使用、動物の飼育等を規定します。

⑤借主には、家賃支払義務、部屋に損害を与えた場合の賠償義務、契約終了時の目的物の明渡義務などがあります。借主がこれらの義務を守らなかったとき、保証人は借主に代わって、賃料や賠償金を支払わなければなりません。
「保証人」の場合は貸主から賃料等を請求されても、先に借主に請求するように主張できますが、「連帯保証人」の場合は同様の主張はできません。つまり、貸主からすると滞納家賃などがあれば、いきなり連帯保証人にも請求することが可能となり、債権の回収がより確実になるのです。

⑥特約とは、中心的契約である建物の賃貸借以外に取り決める付随的取り決めのことです。敷金、礼金や各種禁止事項などがこれにあたります。当事者間で合意があれば有効となる特約ですが、どんなことでも自由に決められるわけではありません。
法律の手続きに基づかないで実力を行使すること（自力救済）は認められていません。たとえば「借主が賃料の支払いを３か月以上怠った場合には、貸主は直ちに本物件の鍵を替えることができる」などの特約です。特約があるからといって現実に鍵を交換してしまうと、借主から損害賠償を請求される恐れがあります。行き過ぎた特約は無効となることがありますので注意が必要でしょう。

2 建物賃貸借契約
（戸建住宅）

建物賃貸借契約書

　賃貸人○○不動産株式会社（以下「甲」という）と賃借人○○○○（以下「乙」という）は、甲が所有する後記記載の建物（以下「本件建物」という）につき、以下のとおり建物賃貸借契約を締結した。

第1条（契約の目的）　甲は乙に対し、下記建物を乙の住居の用に使用する目的で賃貸し、乙はこれを賃借する。

記

＜本件建物の表示＞
　所　　在　東京都○○区○○町○丁目○番地○
　家屋番号　○番○
　種　　類　○○
　構　　造　○○○○
　床 面 積　○○.○○㎡

第2条（使用目的）　乙は、本件建物を居住の用にのみ使用することとし、その他の目的には使用しないものとする。
第3条（存続期間）　本契約によって設定される賃借権（以下「本件賃借権」という）の存続期間は、平成○○年○月○日から平成○○年○月○日までの○○年間とする。
第4条（賃料）　本件建物の賃料は、月額金○○万円とする。
　2　乙は、甲に対し前項の賃料を毎月25日までに、その翌月分を甲が指定する金融機関口座に送金して支払う。

3　第１項の規定にかかわらず、本件建物の賃料が、公租公課の増減等、または土地もしくは建物の価格の上昇もしくは低下その他の経済事情の変動によって、近隣類似の建物の賃料に比べて著しく不相当となったときは、甲または乙は、将来に向かって賃料の増減を請求することができる。

第５条（敷金）　乙は甲に対し、本契約の成立と同時に、本契約の締結によって生ずる乙の債務を担保するため、敷金として金〇〇万円を差し入れる。

2　本契約の終了に伴い、乙が甲に対し建物を原状に復して明け渡したときに、未払いの賃料等本契約に基づいて生じた乙の債務で未払いのものがあるときは、敷金からその未払債務額を差し引いた上で、その残額につき乙に返還するものとする。なお、返還すべき金員に利息は付さない。

3　乙は甲に対し、本件建物を原状に復して明け渡すまでの間、敷金返還請求権をもって甲に支払うべき賃料その他の債務と相殺することはできない。

4　乙は本条の敷金返還請求権を第三者に譲渡し、または担保に供してはならない。

第６条（賃借権の譲渡・転貸等）　乙は、次の各号に該当する場合には、甲の書面による承諾を得なければならない。
　（１）　第三者に、本件建物を転貸し、または本件賃借権を譲渡するとき。
　（２）　本件建物につき造作または工作等を加え、その他原状を変更するとき。

第７条（契約の解除）　甲は、乙につき以下の各号に掲げる事由があったときは、催告なく直ちに本契約を解除することができる。
　（１）　賃料を２か月分以上滞納したとき。
　（２）　賃料の支払いをしばしば遅延し、本契約における甲乙間の信頼関係を破壊したと認められるに至ったとき。
　（３）　更新の場合の更新料の支払いを怠ったとき。

（4） その他本契約に違反したとき。

第8条（契約の更新） 甲または乙が本契約の更新を望まないとき、本契約の契約期間の満了の6か月前までに、相手方に対し、書面によって更新しない旨の通知をすることとし、この通知がない場合は、本契約は同条件で更新されたものとする。

2　前項により、本契約が更新された後の契約期間は○○年とする。

3　契約が更新されたときは、乙は甲に対し、ただちに更新後の新賃料の1.5か月分の更新料を支払うべきものとする。

第9条（明渡しおよび原状回復義務） 本契約が、期間満了、解除その他の事由によって終了するときは、乙はただちに本件建物を原状に復して甲に明け渡すべきものとする。

2　前項の明渡しにつき、乙は、甲に対する造作買取請求権を放棄し、また、立退料等一切の金銭を要求しない。

第10条（損害金） 本契約の終了と同時に、乙が本件建物を明け渡さないときは、甲は乙に対し本契約終了時から明渡しまでの間につき、最終賃料の2倍額の損害金を請求することができる。

第11条（連帯保証人） 連帯保証人○○○○は、本契約に基づく乙の債務の一切を、乙と連帯して履行する。

第12条（合意管轄） 本契約に関する紛争については、乙の居住地を管轄する地方裁判所を第一審の管轄裁判所とすることに甲乙双方が合意する。

第13条（協議） 本契約に定めがない事項または本契約の解釈等につき疑義が生じたときは、甲乙の双方が民法その他の法令および慣行にしたがい、誠意をもって協議し、解決に努めるものとする。

　本契約が有効に成立したことを証するため、本契約書2通を作成し、甲乙署名押印の上、各1通を所持する。

平成○○年○月○日

```
            賃貸人（甲）住所　東京都○○区○○町○丁目○番○号
                              ○○不動産株式会社
                              代表取締役　○○　○○　　印
            賃借人（乙）住所　東京都○○区○○町○丁目○番○号
                              氏名　○○　○○　　印
            連帯保証人　住所　東京都○○区○○町○丁目○番○号
                              氏名　○○　○○　　印
```

アドバイス

①戸建住宅の賃貸借について、賃借人に連帯保証人をつけた契約書です。適切な連帯保証人がいる場合には、賃借人の債務について連帯保証人をつけておくと債権の回収がより確実になります。特に賃借人が資力の乏しい小さな会社などの場合は、代表取締役個人を連帯保証人にします。

②更新料は当然に発生するわけではありません。関東地方では多く見られる方式ですが、全国に見られる方式ではありません。そこで更新料を定めた場合は必ず契約書に特約で規定するようにします。

③明渡時の原状回復義務について、賃借人は通常の使用による劣化については責任を負いませんので、賃借した建物を完全に借りた時の状態に戻す必要はありません。原状回復とは、建物内のものを撤去し、変更を加えていたら元に戻すということであり、修繕することではありません。修繕費は貸主負担が原則です。

④印紙について、土地以外の賃貸借は非課税です。

用語 保証人と連帯保証人

保証には、普通の保証と連帯保証とがあります。

普通の保証人には、債権者からの請求に対して催告の抗弁権（まず借主に請求するよう主張する権利）や検索の抗弁権（まず借主自身の財産から強制執行するよう主張する権利）があります。

また、普通の保証人が複数いた場合、それらの保証人には、原則としてその頭数で割った分しか保証義務はありません（分別の利益という）。

これに対して、連帯保証人にはこうした権利や利益が認められません。したがって、実際にはほとんどの場合、連帯保証の形になっています。

3 共同住宅賃貸借契約

共同住宅賃貸借契約書

　賃貸人○○○○（以下「甲」という）と賃借人○○○○（以下「乙」という）は、甲が所有する下記＜物件の表示＞に記載する区分所有建物の専有部分（以下「本件貸室」という）につき、以下の内容の共同住宅賃貸借契約を締結した。

記

＜物件の表示＞
　建物の表示
　　名称　　○○○○
　　所在地　○○市○○町○丁目○○番地○
　　構造　　○○○○　○階建
　専有部分の表示
　　住戸番号　○階○型○号室
　　床面積　　○○．○○㎡

第1条（使用目的）　乙は本件貸室を居住以外の目的に使用してはならない。

第2条（存続期間）　本契約の存続期間は、平成○○年○○月○○日より、平成○○年○○月○○日までの2年間とする。

2　前項の期間が満了する6か月前までに、甲または乙が相手方に対してなんらの意思表示をしないときは同一条件で契約が更新されるものとする。

3　前項による更新後の契約の存続期間は、更新時から2年間とし、それ

以後の更新についても前項と同様とする。

第3条（賃料等） 賃料は1か月金〇〇万円、共益費は1か月〇〇〇〇円とし、乙は毎月末、その翌月分の賃料、共益費並びにこれらの消費税相当金額の合計額を、甲の指定する銀行口座に振り込む方法によって支払う。ただし、1か月に満たない月の賃料は、日割計算とする。

第4条（敷金） 乙は甲に対し、本契約から生ずる乙の債務を担保するために敷金として金〇〇〇〇円を預託する。この敷金に利息はつかない。

2 前項の敷金は、本契約の終了後、本件貸室の明渡しが完了し、乙が甲に対して負うすべての債務を完済した後に、甲から乙に返還される。

第5条（禁止事項） 乙は以下の行為をしてはならない。
（1） 第1条に定めた目的以外の目的に使用すること
（2） 本契約に基づく賃借権を譲渡、または転貸すること
（3） 危険、不衛生、騒音、その他、近隣の迷惑となる行為
（4） 宗教上の集会
（5） 管理規約、管理規則に反する行為

第6条（原状回復） 乙は、本契約が期間満了または解除その他の原因により終了したときは、直ちに本件貸室を原状に復した上で明け渡さなければならない。

第7条（契約の解除） 甲または乙が本契約に違反したときは、その相手方は、相当な期間を定めた催告の後、本契約を解除し、かつ、その損害の賠償を請求することができる。

2 乙が賃料の支払いを3か月以上怠った場合には、甲は催告を要することなく本契約を解除することができる。

第8条（解約予告） 乙は甲に対して、3か月前の予告をすることにより、この契約を途中解約することができる。予告に代えて、3か月分の賃料相当額を支払った場合も同様とする。

第9条（費用負担） この契約に要する費用は甲乙折半して負担する。

第10条（管轄裁判所） 本契約に関する訴訟は第一審管轄裁判所を〇〇地方裁判所とする。

第11条（契約外事項） 本契約に定めのない事項については、その都度、

甲乙協議して誠意をもって解決する。

　本契約の成立を証するため、本書2通を作成し、甲乙記名押印の上、各々その1通を保有する。

平成○○年○○月○○日

　　　　　　　　賃貸人（甲）
　　　　　　　　住所　○○県○○市○○町○丁目○○番○○号
　　　　　　　　氏名　○○　○○　　印
　　　　　　　　賃借人（乙）
　　　　　　　　住所　○○県○○市○○町○丁目○○番○○号
　　　　　　　　氏名　○○　○○　　印

アドバイス

①マンションやアパートなどの共同住宅の一室を対象とする賃貸借契約書です。
②区分所有建物の専有部分を賃借した者も、区分所有建物の管理規約や、管理規則にはしたがわなければなりません。管理規約や管理規則とは、マンションやアパートでのトラブルを未然に防止し、快適な生活を送るための約束事です。契約書の添付書類として、管理規約の写しや管理規則の写しを賃借人に交付し、これらを遵守するよう求めましょう。
③印紙について、土地以外の賃貸借は非課税です。

用語　敷金

　敷金とは、解約の際、入居中に破損させてしまった部屋の設備を修理するための料金として、契約時に預けるお金です。必要な修理をして残った金額は、返金されます。「保証金」という場合も、性質は同じです。
　また、修理代金が敷金を超える場合には、追加の請求を受けることもあり得ます。「敷金を払っているからどんな使い方をしてもよい」というわけではありません。
　なお、礼金というのは、賃貸借契約時に、「貸してくれてありがとう」という意味で貸主に払うお金ですから、解約時にも戻ってきません。

4 建物賃貸借契約
(転貸借)

建物転貸借契約書

○○○○(以下「甲」という)と△△△△(以下「乙」という)は、下記物件(以下「本件物件」という)を目的として、以下のとおり建物転貸借契約を締結した。

記

＜物件の表示＞
　　所　　在　　○○県○○市○○町○丁目○番地○
　　家屋番号　　○番○
　　種　　類　　○○
　　構　　造　　○○○○
　　床 面 積　　○○．○○㎡

第1条(目的)　甲は、□□□□(以下「丙」という)と締結している賃貸借契約に基づき賃借している本件物件を、甲を賃貸人(転貸人)、乙を賃借人(転借人)として、転貸借するものである。

2　乙は、本件物件を、乙の経営するポータルサイト事業用の事務所として使用し、それ以外の目的で使用してはならない。

第2条(賃料)　本契約の賃料は、月○○万円とする。

2　前項の賃料は、甲の指定する銀行口座に、乙が振り込むことによって支払うものとする。

第3条(敷金)　乙は、甲に対して、敷金として賃料3か月分を交付する。

2　敷金は、本契約が終了し、乙が甲に本件物件を明け渡した後、本契約から発生した乙の不履行債務を補てんした残額を返還する。ただし、利

息は付さないものとする。

第4条（期間および更新） 本契約の期間は、平成〇〇年〇月〇日より、〇年間とする。

2　期間満了1か月前までに、甲または乙から本契約を終了させる旨の意思表示が書面でなされない限り、契約は同一の条件をもって更新されたものとみなす。

第5条（管理） 乙は、本件物件を、善良なる管理者の注意をもって管理するものとする。

2　本件物件その他本契約に関連して丙から乙に対して何らかの申入れがあったときは、乙は、甲に対して遅滞なく、これを通知しなければならない。

3　甲は、管理のために必要があるときは、乙に事前の通知の上、本件物件に立ち入ることができる。

4　乙は、本件物件につき、内装の改装、造作の設置その他原状を変更するときは、あらかじめ書面により、甲の承諾を得るものとする。

第6条（所有者の承諾） 甲は本契約について丙の承諾を得るものとし、右承諾が得られないときは、本契約の効力は生じない。

第7条（契約の終了） 本契約は、第4条に規定する契約期間の満了によって終了する。

2　甲または乙は、契約期間中、〇か月前の予告を書面によって行なうことによって、契約を終了させることができる。

3　乙が本契約上の債務を履行せず、甲が相当の期間を定めて履行を催告したにもかかわらず、乙がこれを履行しないときは、右期間の経過後、甲は本契約を解除することができる。

4　前項の解除にともない発生した損害については、甲は乙に損害賠償を請求することができる。

5　契約が終了する場合、乙は、本件物件を直ちに原状に復して、甲に明け渡すものとする。明渡しが契約終了日よりも遅れた場合には、乙は、1日につき金〇〇〇〇円を遅延損害金として支払わなければならない。

第8条（契約の解釈等） 本契約に規定のない事項については、借地借家

法、民法、通常の不動産取引慣行にしたがうものとする。
２　本契約に関して解釈上の疑義が生じた場合には、甲および乙は、相互に信義にしたがい誠実に協議を行ない、これを解決する。
３　本契約に関連する紛争については、○○地方裁判所を第一審管轄裁判所とする。

附則

　甲および乙は、各々本契約書に署名、押印し、各１通を保管するものである。

平成××年×月×日

　　　　　　　　　　（甲）　○○県○○市○○町○丁目○番○号
　　　　　　　　　　　　　　　○○　　○○　　印
　　　　　　　　　　（乙）　△△県△△市△△町△丁目△番△号
　　　　　　　　　　　　　　　△△　　△△　　印

アドバイス

①建物を転貸（いわゆる又貸し）した場合の契約書です。
②不動産を転貸する場合には、不動産の所有者の承諾は不可欠です。この承諾がないと転貸借契約を確実に成立させることができません。
③印紙について、土地以外の賃貸借は非課税です。

5 一時使用目的建物賃貸借契約

一時使用目的建物賃貸借契約書

　賃貸人〇〇〇〇（以下「甲」という）と賃借人〇〇〇〇（以下「乙」という）は、甲が所有する下記＜物件の表示＞に記載する建物（以下「本件建物」という）につき、以下の内容の一時使用目的建物賃貸借契約を締結した。

記

＜物件の表示＞
　　所　　　在　〇〇県〇〇市〇〇町〇丁目〇〇番地〇
　　家屋番号　〇〇番〇
　　種　　　類　〇〇
　　構　　　造　〇〇〇〇
　　床　面　積　〇〇.〇〇㎡

第1条（目的）　本賃貸借契約は乙の一時使用を目的とするものである。
第2条（存続期間）　本契約の存続期間は、平成〇〇年〇〇月〇〇日より、同〇〇年〇〇月〇〇日までの3か月間とする。
第3条（敷金）　乙は甲に対し、本契約から生ずる乙の債務を担保するために敷金として金〇〇〇〇円を預託する。この敷金に利息はつかない。
2　前項の敷金は、本契約の終了後、乙が本件建物を明け渡し、乙が甲に対して負うすべての債務を完済した後に、甲から乙に返還される。
第4条（賃料）　賃料は1か月金〇〇万円とし、乙は毎月末、その翌月分の賃料とこれに対する消費税相当金額との合計額を甲の指定する銀行口座に振り込む方法によって支払う。

第5条（賃借権の譲渡、転貸の禁止）　乙は本契約に基づく賃借権を譲渡、または転貸することができない。

第6条（原状回復）　乙は、本契約が期間満了または解除その他の原因により終了したときは、直ちに本件建物を原状に復した上で明け渡さなければならない。

第7条（契約の解除）　甲または乙が本契約に違反したときは、その相手方は、相当な期間を定めた催告の後、本契約を解除し、かつ、その損害の賠償を請求することができる。

2　乙が賃料の支払いを1か月以上怠った場合には、甲は催告を要することなく本契約を解除することができる。

第8条（費用負担）　この契約に要する費用は甲乙折半して負担する。

第9条（管轄裁判所）　本契約に関する訴訟は第一審管轄裁判所を○○地方裁判所とする。

第10条（契約外事項）　本契約に定めのない事項については、その都度、甲乙協議して誠意をもって解決する。

　本契約の成立を証するため、本書2通を作成し、甲乙記名押印の上、各々その1通を保有する。

平成○○年○○月○○日

　　　　　　　　賃貸人（甲）
　　　　　　　　住所　○○県○○市○○町○丁目○○番○○号
　　　　　　　　氏名　○○　○○　　　印
　　　　　　　　賃借人（乙）
　　　　　　　　住所　○○県○○市○○町○丁目○○番○○号
　　　　　　　　氏名　○○　○○　　　印

アドバイス

①一時使用であることが明らかな建物賃貸借契約には、借地借家法は適用されません。

②借地借家法が適用されてしまうと、借家人の地位がきわめて強力に保護され、退去を求めることが事実上きわめて困難となってしまいます。これを防ぐために、契約書には一時使用であることを必ず明記します（第1条）。

③印紙について、土地以外の賃貸借は非課税です。

④敷金とは、未払賃料や借主が目的物に損害を与えた場合の修理費等に充てられる担保です。契約終了後、残金があれば借主に返還されるケースが多いのですが、場合によっては「償却」の名目で貸主が保証金の一部を礼金や権利金として受領することがあります。

6 事務所賃貸借契約

事務所用建物賃貸借契約書

　賃貸人〇〇〇〇（以下「甲」という）と賃借人〇〇〇〇（以下「乙」という）は、甲が所有する下記＜物件の表示＞に記載する区分所有建物の専有部分（以下「本物件」という）につき、以下の内容の事務所用建物賃貸借契約を締結した。

記

＜物件の表示＞
　建物の表示
　　　名称　　〇〇〇〇
　　　所在地　〇〇市〇〇町〇丁目〇〇番地〇
　　　構造　　〇〇〇〇　　〇階建
　専有部分の表示
　　　住戸番号　〇階〇型〇号室
　　　床面積　　〇〇. 〇〇㎡

第1条（契約の締結）　甲および乙は、甲が所有する本物件につき、以下の内容について、賃貸借契約（以下「本契約」という）を締結した。

第2条（契約期間）　契約期間は、平成〇〇年〇〇月〇〇日から平成〇〇年〇〇月〇〇日までの〇年間とする。

2　甲および乙は、協議の上、本契約を更新することができる。

第3条（使用目的）　乙は、事務所のみを目的として本物件を使用しなければならない。

第4条（賃料）　賃料は1か月金○○万円とし、乙は毎月末、その翌月分の賃料、その消費税相当金額の合計額を、甲の指定する銀行口座に振り込む方法によって支払う。

2　1か月に満たない期間の賃料は、1か月を30日として日割計算した額とする。

3　甲および乙は、次の各号の一に該当する場合には、協議の上、賃料を改定することができる。
　（1）　土地または建物に対する租税その他の負担の増減により賃料が不相当となった場合
　（2）　土地または建物の価格の上昇または低下その他の経済事情の変動により賃料が不相当となった場合
　（3）　近傍同種の建物の賃料に比較して賃料が不相当となった場合

第5条（共益費）　乙は、階段、廊下等の共用部分の維持管理に必要な光熱費、上下水道使用料、清掃費等（以下この条において「維持管理費」という）に充てるため、共益費を甲に支払うものとする。

2　前項の共益費は、1か月○○○○円とし、乙は毎月末、その翌月分共益費およびその消費税相当金額の合計額を、甲の指定する銀行口座に振り込む方法によって支払う。

3　1か月に満たない期間の共益費は、1か月を30日として日割計算した額とする。

4　甲および乙は、維持管理費の増減により共益費が不相当となったときは、協議の上、共益費を改定することができる。

第6条（保証金）　乙は、本契約から生じる債務の担保のため、保証金として金○○○○円を甲に預け入れるものとする。

2　乙は、本物件を明け渡すまでの間、保証金をもって賃料、共益費その他の債務と相殺をすることができない。

3　甲は、本物件の明渡しがあったときは、遅滞なく、保証金の全額を無利息で乙に返還しなければならない。ただし、甲は、本物件の明渡時に、賃料の滞納、原状回復に要する費用の未払いその他の本契約から生じる乙の債務の不履行が存在する場合には、当該債務の額を保証金から

差し引くことができる。

4 　前項但書の場合には、甲は、保証金から差し引く債務の額の内訳を乙に明示しなければならない。

第7条（禁止または制限される行為）　乙は、甲の書面による承諾を得ることなく、本物件の全部または一部につき、賃借権を譲渡し、または転貸してはならない。

2 　乙は、甲の書面による承諾を得ることなく、本物件の改造もしくは模様替えを行なってはならない。

第8条（修繕）　甲は、乙が本物件を使用するために必要な修繕を行なわなければならない。この場合において、乙の故意または過失により必要となった修繕に要する費用は、乙が負担しなければならない。

2 　前項の規定に基づき甲が修繕を行なう場合は、甲は、あらかじめ、その旨を乙に通知しなければならない。この場合において、乙は、正当な理由がある場合を除き、当該修繕の実施を拒否することができない。

第9条（契約の解除）　甲は、乙が次に掲げる義務に違反した場合において、甲が相当の期間を定めて当該義務の履行を催告したにもかかわらず、その期間内に当該義務が履行されないときは、本契約を解除することができる。

（1）　第4条第1項に規定する賃料支払義務
（2）　第5条第2項に規定する共益費支払義務
（3）　前条第1項後段に規定する費用負担義務

2 　甲は、乙が次に掲げる義務に違反した場合において、当該義務違反により本契約を継続することが困難であると認められるに至ったときは、何らの催告を要することなく、本契約を解除することができる。

（1）　第3条に規定する本物件の使用目的遵守義務
（2）　第7条各項に規定する義務
（3）　その他本契約書に規定する乙の義務

第10条（乙からの解約）　乙は、甲に対して少なくとも30日前に解約の申入れを行なうことにより、本契約を解約することができる。

2 　前項の規定にかかわらず、乙は、30日分の賃料を甲に支払うことに

より、直ちに本契約を解約することができる。

第11条（明渡し）　乙は、本契約が終了する日までに（第9条の規定に基づき本契約が解除された場合にあっては、直ちに）、本物件を明け渡さなければならない。この場合において、乙は、通常の使用に伴い生じた本物件の損耗を除き、本物件を原状回復しなければならない。

2　乙は、前項前段の明渡しをするときには、明渡日を事前に甲に通知しなければならない。

3　甲および乙は、第1項後段の規定に基づき乙が行なう原状回復の内容および方法について協議するものとする。

第12条（立入り）　甲は、本物件の防火、本物件の構造の保全その他の本物件の管理上特に必要があるときは、あらかじめ乙の承諾を得て、本物件内に立ち入ることができる。

2　乙は、正当な理由がある場合を除き、前項の規定に基づく甲の立入りを拒否することはできない。

3　本契約終了後において本物件を賃借しようとする者または本物件を譲り受けようとする者が下見をするときは、甲および下見をする者は、あらかじめ乙の承諾を得て、本物件内に立ち入ることができる。

4　甲は、火災による延焼を防止する必要がある場合その他の緊急の必要がある場合においては、あらかじめ乙の承諾を得ることなく、本物件内に立ち入ることができる。この場合において、甲は、乙の不在時に立ち入ったときは、立入後その旨を乙に通知しなければならない。

第13条（連帯保証人）　連帯保証人は、乙と連帯して、本契約から生じる乙の債務を履行するものとする。

第14条（管轄裁判所）　本契約に関する訴訟の第一審管轄裁判所は○○地方裁判所とする。

第15条（協議）　甲および乙は、本契約書に定めがない事項および本契約書の条項の解釈について疑義が生じた場合は、民法その他の法令および慣行にしたがい、誠意をもって協議し、解決するものとする。

第16条（特約条項）　本契約の特約については、下記のとおりとする。

（1）　○○○○○○○○○○

（2）　○○○○

平成○○年○月○日

　　　　　　　　　東京都○○区○○町○丁目○番○号
　　　　　　　　　甲（賃貸人）　　　　○○○○株式会社
　　　　　　　　　　代表取締役　　　　○○　○○　　印

　　　　　　　　　東京都○○区○○町○丁目○番○号
　　　　　　　　　乙（賃借人）　　　　○○○○株式会社
　　　　　　　　　　代表取締役　　　　○○　○○　　印

　　　　　　　　　東京都○○区○○町○丁目○番○号
　　　　　　　　　（連帯保証人）　　　○○　○○　　印

アドバイス

①事務所や店舗など事業目的の建物賃貸借であっても借地借家法の適用があります。借地借家法は住居にのみ適用される法律ではないのです。

②書式としてあげたものは、きわめてオーソドックスな契約書です。通常は、この書式に付け加えるべき条項はそれほどないものと思われます。

③事業用の建物賃貸借契約における保証金の額は、賃料の6か月程度のものから長いものでは36か月程度までと、比較的、幅のある金額が定められています。景気動向によっても変動しますので、地域の相場などを不動産業者等に問い合わせるとよいでしょう

④また、退去時に保証金の10％〜20％程度を自動的に差し引く旨の条項が入れられることもあります。この金額は事実上、次の貸出しのための内装費等に充てられているようです。このような条項を禁ずる借地借家法の規定もありませんので、契約書に盛り込めば有効となります。

⑤印紙について、土地以外の賃貸借は非課税です。

7 店舗賃貸借契約

店舗建物賃貸借契約書

第1条（契約の締結） 賃貸人（以下「甲」という）及び賃借人（以下「乙」という）は、下記に記載する店舗建物（以下「本物件」という）について、以下の条項により賃貸借契約（以下「本契約」という）を締結した。

記

＜本件建物の表示＞
　所　　在　○○県○○市○○町○丁目○番地○
　家屋番号　○番○
　種　　類　○○
　構　　造　○○○○
　床 面 積　○○. ○○㎡

第2条（契約期間） 契約期間は、平成○○年○○月○○日から平成○○年○○月○○日までの○○年間とする。
2　甲および乙は、協議の上、本契約を更新することができる。
第3条（使用目的） 乙は、店舗のみを目的として本物件を使用しなければならない。
第4条（賃料） 本物件の賃料は月額金○○万円とし、乙は甲に対し、賃料を毎月25日までに、その翌月分を甲が指定する金融機関口座に送金して支払う。
2　1か月に満たない期間の賃料は、1か月を30日として日割計算した額とする。

3　甲および乙は、次の各号の一に該当する場合には、協議の上、賃料を改定することができる。
（１）　土地または建物に対する租税その他の負担の増減により賃料が不相当となった場合
（２）　土地または建物の価格の上昇または低下その他の経済事情の変動により賃料が不相当となった場合
（３）　近傍同種の建物の賃料に比較して賃料が不相当となった場合

第５条（共益費）　乙は、階段、廊下等の共用部分の維持管理に必要な光熱費、上下水道使用料、清掃費等（以下この条において「維持管理費」という）に充てるため、共益費を甲に支払うものとする。

2　前項の共益費は月額金〇〇万円とし、乙は甲に対し、共益費を毎月25日までに、その翌月分を甲が指定する金融機関口座に送金して支払う。

3　1か月に満たない期間の共益費は、1か月を30日として日割計算した額とする。

4　甲および乙は、維持管理費の増減により共益費が不相当となったときは、協議の上、共益費を改定することができる。

第６条（保証金）　乙は、本契約から生じる債務の担保のため、保証金として金〇〇〇〇円を甲に預け入れるものとする。

2　乙は、本物件を明け渡すまでの間、保証金をもって賃料、共益費その他の債務と相殺をすることができない。

3　甲は、本物件の明渡しがあったときは、遅滞なく、保証金の全額を無利息で乙に返還しなければならない。ただし、甲は、本物件の明渡時に、賃料の滞納、原状回復に要する費用の未払いその他の本契約から生じる乙の債務の不履行が存在する場合には、当該債務の額を保証金から差し引くことができる。

4　前項但書の場合には、甲は、保証金から差し引く債務の額の内訳を乙に明示しなければならない。

第７条（禁止または制限される行為）　乙は、甲の書面による承諾を得ることなく、本物件の全部または一部につき、賃借権を譲渡し、または転

貸してはならない。

2　乙は、甲の書面による承諾を得ることなく、本物件の増築、改築、移転、改造もしくは模様替えまたは本物件の敷地内における工作物の設置を行なってはならない。

3　乙は、本物件の使用にあたり、危険、不衛生、騒音、その他、近隣の迷惑となる行為を行なってはならない。

4　乙は、本物件の使用にあたり、甲の書面による承諾を得ることなく、宗教上の集会を行なってはならない。

5　乙は、本物件の使用にあたり、甲の書面による承諾を得ることなく、動物を飼育してはならない。

第8条（修繕）　甲は、本物件内の壁の塗装・クロス・床、蛍光灯等、慣習上乙が負担すべき営業のための修繕費用を除き、乙が本物件を使用するために必要な修繕を行なわなければならない。この場合において、乙の故意または過失により必要となった修繕に要する費用は、乙が負担しなければならない。

2　前項の規定に基づき甲が修繕を行なう場合は、甲は、あらかじめ、その旨を乙に通知しなければならない。この場合において、乙は、正当な理由がある場合を除き、当該修繕の実施を拒否することができない。

第9条（契約の解除）　甲は、乙が次に掲げる義務に違反した場合において、甲が相当の期間を定めて当該義務の履行を催告したにもかかわらず、その期間内に当該義務が履行されないときは、本契約を解除することができる。

（1）　第4条第1項に規定する賃料支払義務
（2）　第5条第2項に規定する共益費支払義務
（3）　前条第1項後段に規定する費用負担義務

2　甲は、乙が次に掲げる義務に違反した場合において、当該義務違反により本契約を継続することが困難であると認められるに至ったときは、何らの催告を要することなく、本契約を解除することができる。

（1）　第3条に規定する本物件の使用目的遵守義務
（2）　第7条各項に規定する義務

（3） その他本契約書に規定する乙の義務
第10条（乙からの解約）　乙は、甲に対して少なくとも30日前に解約の申入れを行なうことにより、本契約を解約することができる。
2　前項の規定にかかわらず、乙は、30日分の賃料を甲に支払うことにより、直ちに本契約を解約することができる。
第11条（明渡し）　乙は、本契約が終了する日までに（第9条の規定に基づき本契約が解除された場合にあっては、直ちに）、本物件を明け渡さなければならない。この場合において、乙は、通常の使用に伴い生じた本物件の損耗を除き、本物件を原状回復しなければならない。
2　乙は、前項前段の明渡しをするときには、明渡日を事前に甲に通知しなければならない。
3　甲および乙は、第1項後段の規定に基づき乙が行なう原状回復の内容および方法について協議するものとする。
第12条（立入り）　甲は、本物件の防火、本物件の構造の保全その他の本物件の管理上特に必要があるときは、あらかじめ乙の承諾を得て、本物件内に立ち入ることができる。
2　乙は、正当な理由がある場合を除き、前項の規定に基づく甲の立入りを拒否することはできない。
3　本契約終了後において本物件を賃借しようとする者または本物件を譲り受けようとする者が下見をするときは、甲および下見をする者は、あらかじめ乙の承諾を得て、本物件内に立ち入ることができる。
4　甲は、火災による延焼を防止する必要がある場合その他の緊急の必要がある場合においては、あらかじめ乙の承諾を得ることなく、本物件内に立ち入ることができる。この場合において、甲は、乙の不在時に立ち入ったときは、立入後その旨を乙に通知しなければならない。
第13条（連帯保証人）　連帯保証人は、乙と連帯して、本契約から生ずる乙の債務を負担するものとする。
第14条（管轄裁判所）　本契約に関する訴訟の第一審管轄裁判所は○○地方裁判所とする。
第15条（協議）　甲および乙は、本契約書に定めがない事項および本契

約書の条項の解釈について疑義が生じた場合は、民法その他の法令および慣行にしたがい、誠意をもって協議し、解決するものとする。

第16条（特約条項） 本契約の特約については、下記のとおりとする。

（1） ○○○○○○○○○○
（2） ○○○○

平成○○年○月○日

　　　　　　　　　東京都○○区○○町○丁目○番○号
　　　　　　　　　甲（賃貸人）　　　○○○○株式会社
　　　　　　　　　　代表取締役　　　○○　○○　　印

　　　　　　　　　東京都○○区○○町○丁目○番○号
　　　　　　　　　乙（賃借人）　　　○○○○株式会社
　　　　　　　　　　代表取締役　　　○○　○○　　印

　　　　　　　　　東京都○○区○○町○丁目○番○号
　　　　　　　　　　（連帯保証人）　　○○　○○　　印

アドバイス

① 店舗の賃貸借契約では権利金を要求される場合があります。権利金とは、賃貸人が当該店舗に賃借権を設定することの対価として、あるいは、賃借権を一定の条件の下に譲渡することができるようにする対価として収受される金銭です。保証金と異なり、権利金は契約終了時に借主に返還されるものではありません。賃貸人との間で、権利金の授受を行なう場合には、契約書中に条項を設け、aその金額、b退去時には返還する必要がない旨、c賃借権を一定の条件の下に譲渡することを許す場合にはその旨、d賃借人が前項の条件を満たす譲渡を申し入れたのに、賃貸人がこれを認めない場合に権利金（全部または所定の割合分）を賃借人に返還することとする場合にはその旨およびその返還時期等を取り決めて記載しておくべきでしょう。

② 店舗の場合は、入居時の改装工事の許容範囲、および退去時にどこまで原状回復を行なうべきかについて、取り決めておいたほうがよいと思われます。

8 定期建物賃貸借契約

定期建物賃貸借契約書

第1条（契約の締結） 貸主（以下「甲」という）および借主（以下「乙」という）は、下記に記載する賃貸借の目的物（以下「本物件」という）について、以下の条項により借地借家法（以下「法」という）第38条に規定する定期建物賃貸借契約（以下「本契約」という）を締結した。

記

＜物件の表示＞
　建物の表示
　　名称　　○○○○
　　所在地　○○市○○町○丁目○○番地○
　　構造　　○○○○　　○階建
　専有部分の表示
　　住戸番号　○階○型○号室
　　床面積　　○○．○○㎡

第2条（契約期間）　契約期間は、平成○○年○○月○○日から平成○○年○○月○○日までの○○年間とする。

2　本契約は、前項に規定する期間の満了により終了し、更新がない。ただし、甲および乙は、協議の上、本契約の期間の満了の日の翌日を始期とする新たな賃貸借契約（以下「再契約」という）をすることができる。

3　甲は、第1項に規定する期間の満了の1年前から6か月前までの間

（以下「通知期間」という）に乙に対し、期間の満了により賃貸借が終了する旨を書面によって通知するものとする。

4　甲は、前項に規定する通知をしなければ、賃貸借の終了を乙に主張することができず、乙は、第1項に規定する期間の満了後においても、本物件を引き続き賃借することができる。ただし、甲が通知期間の経過後乙に対し期間の満了により賃貸借が終了する旨の通知をした場合においては、その通知の日から6か月を経過した日に賃貸借は終了する。

第3条（使用目的）　乙は、居住のみを目的として本物件を使用しなければならない。

第4条（賃料）　本契約の賃料は、月〇〇万円とする。

2　前項の賃料は、毎月末日まで、その翌月分を甲の指定する銀行口座に、乙が振り込むことによって支払うものとする。

3　1か月に満たない期間の賃料は、1か月を30日として日割計算した額とする。

4　甲および乙は、次の各号の一に該当する場合には、協議の上、賃料を改定することができる。

（1）　土地または建物に対する租税その他の負担の増減により賃料が不相当となった場合

（2）　土地または建物の価格の上昇または低下その他の経済事情の変動により賃料が不相当となった場合

（3）　近傍同種の建物の賃料に比較して賃料が不相当となった場合

第5条（共益費）　乙は、階段、廊下等の共用部分の維持管理に必要な光熱費、上下水道使用料、清掃費等（以下この条において「維持管理費」という）に充てるため、共益費を甲に支払うものとする。

2　前項の共益費は、1か月〇〇〇〇円とし、乙は毎月末、その翌月分の共益費およびその消費税相当金額の合計額を、甲の指定する銀行口座に振り込む方法によって支払う。

3　1か月に満たない期間の共益費は、1か月を30日として日割計算した額とする。

4　甲および乙は、維持管理費の増減により共益費が不相当となったとき

は、協議の上、共益費を改定することができる。

第6条（敷金） 乙は、本契約から生じる債務の担保として、金〇〇〇円を甲に預け入れるものとする。

2　乙は、本物件を明け渡すまでの間、敷金をもって賃料、共益費その他の債務と相殺をすることができない。

3　甲は、本物件の明渡しがあったときは、遅滞なく、敷金の全額を無利息で乙に返還しなければならない。ただし、甲は、本物件の明渡時に、賃料の滞納、原状回復に要する費用の未払いその他の本契約から生じる乙の債務の不履行が存在する場合には、当該債務の額を敷金から差し引くことができる。

4　前項但書の場合には、甲は、敷金から差し引く債務の額の内訳を乙に明示しなければならない。

第7条（禁止または制限される行為） 乙は、甲の書面による承諾を得ることなく、本物件の全部または一部につき、賃借権を譲渡し、または転貸してはならない。

2　乙は、本物件の使用にあたり、甲の書面による承諾を得ることなく、動物の飼育を行なってはならない。

3　乙は、本物件の使用にあたり、甲の書面による承諾を得ることなく、造作、模様替え、内装工事を行なってはならない。

4　乙は、本物件の使用にあたり、乙の家族以外の者を入居させる場合には、甲に通知しなければならない。

第8条（修繕） 甲は、本物件内の壁の塗装・クロス・床、蛍光灯等、慣習上乙が負担すべき居住のための修繕費用を除き、乙が本物件を使用するために必要な修繕を行なわなければならない。この場合において、乙の故意または過失により必要となった修繕に要する費用は、乙が負担しなければならない。

2　前項の規定に基づき甲が修繕を行なう場合は、甲は、あらかじめ、その旨を乙に通知しなければならない。この場合において、乙は、正当な理由がある場合を除き、当該修繕の実施を拒否することができない。

3　乙は、甲の承諾を得ることなく、本物件内の壁の塗装・クロス・床、

蛍光灯等、慣習上乙が負担すべき修繕を自らの負担において行なうことができる。

第9条（契約の解除）　甲は、乙が次に掲げる義務に違反した場合において、甲が相当の期間を定めて当該義務の履行を催告したにもかかわらず、その期間内に当該義務が履行されないときは、本契約を解除することができる。

　（1）　第4条第1項に規定する賃料支払義務
　（2）　第5条第2項に規定する共益費支払義務
　（3）　前条第1項後段に規定する費用負担義務

2　甲は、乙が次に掲げる義務に違反した場合において、当該義務違反により本契約を継続することが困難であると認められるに至ったときは、何らの催告を要することなく、本契約を解除することができる。

　（1）　第3条に規定する本物件の使用目的遵守義務
　（2）　第7条各項に規定する義務
　（3）　その他本契約書に規定する乙の義務

第10条（乙からの解約）　乙は、甲に対して少なくとも1か月前に解約の申入れを行なうことにより、本契約を解約することができる。

2　前項の規定にかかわらず、乙は、1か月分の賃料を甲に支払うことにより、直ちに本契約を解約することができる。

第11条（明渡し）　乙は、本契約が終了する日（甲が第2条第3項に規定する通知をしなかった場合においては、同条第4項但書に規定する通知をした日から6か月を経過した日）までに（第9条の規定に基づき本契約が解除された場合にあっては、直ちに）、本物件を明け渡さなければならない。この場合において、乙は、通常の使用に伴い生じた本物件の損耗を除き、本物件を原状回復しなければならない。

2　乙は、前項前段の明渡しをするときには、明渡日を事前に甲に通知しなければならない。

3　甲および乙は、第1項後段の規定に基づき乙が行なう原状回復の内容および方法について協議するものとする。

第12条（立入り）　甲は、本物件の防火、本物件の構造の保全その他の

本物件の管理上特に必要があるときは、あらかじめ乙の承諾を得て、本物件内に立ち入ることができる。
2　乙は、正当な理由がある場合を除き、前項の規定に基づく甲の立入りを拒否することはできない。
3　本契約終了後において本物件を賃借しようとする者または本物件を譲り受けようとする者が下見をするときは、甲および下見をする者は、あらかじめ乙の承諾を得て、本物件内に立ち入ることができる。
4　甲は、火災による延焼を防止する必要がある場合その他の緊急の必要がある場合においては、あらかじめ乙の承諾を得ることなく、本物件内に立ち入ることができる。この場合において、甲は乙の不在時に立ち入ったときは、立入後その旨を乙に通知しなければならない。
第13条（連帯保証人）　連帯保証人は、乙と連帯して、本契約から生じる乙の債務（甲が第2条第3項に規定する通知をしなかった場合においては、同条第1項に規定する期間内のものに限る）を履行するものとする。
第14条（再契約）　甲は、再契約の意向があるときは、第2条第3項に規定する通知の書面に、その旨を付記するものとする。
2　再契約をした場合は、第11条の規定は適用しない。ただし、本契約における原状回復の債務の履行については、再契約に係る賃貸借が終了する日までに行なうこととし、敷金の返還については、明渡しがあったものとして第6条第3項に規定するところによる。
第15条（管轄裁判所）　本契約に関する訴訟の第一審管轄裁判所は○○地方裁判所とする。
第16条（協議）　甲および乙は、本契約書に定めがない事項および本契約書の条項の解釈について疑義が生じた場合は、民法その他の法令および慣行にしたがい、誠意をもって協議し、解決するものとする。
第17条（特約条項）　本契約の特約については、下記のとおりとする。
　（1）　○○○○○○○○○○
　（2）　○○○○

平成○○年○○月○○日

　　　　　　　　東京都○○区○○町○丁目○番○号
　　　　　　　　甲（賃貸人）　　　○○○○株式会社
　　　　　　　　　　代表取締役　　○○　○○　　印

　　　　　　　　東京都○○区○○町○丁目○番○号
　　　　　　　　乙（賃借人）　　　○○　○○　　印

　　　　　　　　東京都○○区○○町○丁目○番○号
　　　　　　　　（連帯保証人）　　○○　○○　　印

アドバイス

①借地借家法では、期間の定めのある建物の賃貸借をする場合においては、書面によって契約する場合に限り、契約の更新がないこととする旨を定めることができます。

②定期建物賃貸借契約は、書面によって行なわなければなりません。法文上は「公正証書による等書面によって」とありますが、これは公正証書に限定する趣旨ではなく書面でさえあればよいという意味です。

③定期建物賃貸借をする場合には、賃貸人はあらかじめ賃借人に対して、その契約は更新がなく期間満了により終了する旨を記載した書面を交付して説明をしなければいけません。説明をしたことの後日の証拠とするために、説明請書（説明書のコピーでかまわない）に「上記事項について書面を受領し説明を受けました」との文言を記載し、記名押印を受けるとよいでしょう。

④期間1年以上の定期建物賃貸借契約を終了する場合には、賃貸人は満了の1年前から6か月前までの間に、賃貸借が終了する旨の通知をしなければいけません。通知をしたら請書を作成するか、あるいは通知自体を内容証明郵便で行なうなど、通知の証拠を残しておくことをお勧めします。

⑤印紙について、土地以外の賃貸借は非課税です。

9 定期建物賃貸借契約の事前説明

　　（住所）○○県○○市□□町○番地
　　（氏名）　　　　　○○　○○　殿

説明書

＜物件の表示＞

名　　称	○○○○		
所　　在	○○県○○市○○町○丁目○○番地○		
家屋番号	○○番○	種　　類	○○
構　　造	○○○○	床面積	○○．○○㎡
目　　的	○○○○		
契約期間	平成○○年○○月○○日から平成○○年○○月○○日まで		

　上記＜物件の表示＞に記載する建物（以下「本件建物」といいます）の定期建物賃貸借契約締結にあたり、借地借家法第38条2項にもとづき、下記の通り、ご説明し、本書面を交付します。

記

1．この賃貸借契約は、更新することがありません。
2．賃借人は契約の存続期間が満了した時点で賃貸借は終了します。
3．その時点で、賃借人は本件建物を明け渡さなければなりません。

平成○○年○○月○○日

```
                賃貸人
                住所　○○県○○市○○町○丁目○○番○○号
                氏名　○○　○○　　印


上記内容につき書面の交付を受けて説明を受けました。
                平成○○年○○月○○日
                賃借人
                住所　○○県○○市○○町○丁目○○番○○号
                氏名　○○　○○　　印
```

アドバイス

①契約の更新がないものとする特約のついた定期建物賃貸借契約を締結する場合には、建物の賃貸人はあらかじめ賃借人に対して、契約の更新がないこと、および期間の満了により賃貸借が終了することにつき、その旨の記載された書面を交付して説明しなければなりません。

②賃貸人が書面を交付し説明をしたことについて、後日の証拠とするために、本書面を２通作成し、１通は賃借人に交付し、もう１通は、賃借人の署名、または記名押印を得て賃貸人が保管するとよいでしょう。

10 定期建物賃貸借契約の終了通知

賃借人
　（住所）　〇〇県〇〇市〇〇町〇丁目〇〇番
　（氏名）　　　　　　　　〇〇　〇〇　殿

通知書

＜物件の表示＞

名　　称	〇〇〇〇		
所　　在	〇〇県〇〇市〇〇町〇丁目〇〇番地〇		
家屋番号	〇〇番〇	種　類	〇〇
構　　造	〇〇〇〇	床面積	〇〇.〇〇㎡

　上記＜物件の表示＞に記載する建物（以下「本件建物」といいます）に関する平成〇〇年〇〇月〇〇日締結の定期建物賃貸借契約は、契約書第〇条の規定により、きたる平成〇〇年〇〇月〇〇日をもって終了いたしますので、あらかじめご通知申し上げます。

　契約終了日までに、本件建物を原状に復した上お明け渡しいただきますようお願い申し上げます。

平成〇〇年〇〇月〇〇日

　　　　　　　　　　住所　〇〇県〇〇市〇〇町〇丁目〇〇番〇〇号
　　　　　　　　　　賃貸人　　氏名　〇〇　〇〇　印

上記通知を受領しました。
平成○○年○○月○○日
　　　　　　　　　　　賃借人　　　　　氏名　○○　○○　印

アドバイス

①契約期間が1年以上の定期建物賃貸借においては、賃貸人は期間の満了前1年から満了前6か月までの間に、賃借人に対して、約定した期日に賃貸借契約が終了することを通知しなければなりません。賃借人が契約の終了時期を忘れている可能性があるからです。

②法律上、この通知は、書面で行なうことを要求されていませんが、通知をしたことの証拠とするために、本書面を2通作成し、1通は賃借人に交付し、もう1通は、賃借人の署名、または記名押印を得て賃貸人が保管するとよいでしょう。もちろん内容証明郵便によって通知した場合には、このような配慮は必要ありません。

用語 内容証明郵便

　内容証明郵便は、誰が、どんな内容の郵便を、誰に送ったのかを郵便局が証明してくれる特殊な郵便です。内容証明郵便を配達証明付ということにしておけば郵便物を発信した事実から、その内容、さらには相手に配達されたことまで証明をしてもらえます。これは、後々トラブルになった場合の強力な証拠になります。

　また、内容証明郵便で1枚の用紙に書ける文字数には制約があります。縦書きの場合は、1行20字以内、用紙1枚26行以内に収めます。横書きの場合は、①1行20字以内、用紙1枚26行以内、②1行13字以内、用紙1枚40行以内、③1行26字以内、用紙1枚20行以内の三つのパターンの書き方があります。

　つまり、用紙1枚に520字までを最大限とするわけです。もちろん、長文になれば、用紙は2枚、3枚となってもかまいません。ただ、枚数に制限はありませんが、1枚ごとに料金が必要になります。

第8章

不動産管理・解約、担保設定・請負等の書式

1 不動産販売提携契約
（マンション）

区分所有建物販売提携契約書

　○○○○（以下「甲」という）と株式会社□□不動産販売（以下「乙」という）は、甲の所有する下記区分所有建物（以下「本件物件」という）について、以下のとおり販売提携契約を締結した。

＜物件の表示＞
　一棟の建物の表示
　　名称　　○○○○
　　所在　　○○市○○町○丁目○○番地○
　　構造　　○○○○
　　延床面積　　○○○○.○○㎡
　敷地権の表示
　　所在および地番　　○○市○○町○丁目○番○
　　地目　　○○
　　地積　　○○○○.○○㎡
　　敷地権の種類　　○○○
　　住戸部分　　　　　番号　　　　　面積　　　　　　価額
　　　　　　　　　　○○○－○　○○.○○㎡　　○○○○万円
　　　　　　　　　　○○○－○　○○.○○㎡　　○○○○万円
　　　　　　　　　　○○○－○　○○.○○㎡　　○○○○万円

第1条（目的）　以下の各業務について、甲はこれを乙に委託し、乙はこれを受託したものである。

（1）　本件物件に関する宣伝広告の企画立案およびその発注
　（2）　購入者の勧誘およびその説明と案内
　（3）　購入申込みの受付とそれに付随する事務一切
　（4）　購入者に対する本件物件の重要事項の説明
　（5）　契約の締結および代金の受領等それに付随する事務一切
　（6）　本件物件の売買にともなうべき登記申請のための手続き
　（7）　その他、前各号に付随する業務一般
2　前項各号にかかる費用については、第1号については甲の負担とし、他の各号については乙の負担とする。
3　本件物件の管理費用は、甲がこれを負担する。
第2条（代金および販売手数料）　乙は、本件物件の購入者から受領した代金を、毎月末日締めとして、翌月〇日に、甲に引き渡すものとする。
2　甲は、前条第1項第2号から第7号に関する販売手数料として、乙に、前項売買代金の〇％を支払う。
3　第1項の代金引渡しに際して、乙は、第2項に基づく販売手数料に相当する金額を差し引いた上で引き渡す。ただし、代金が分割納入された場合は、販売手数料もそれに応じて、按分して差し引かれるものとする。
第3条（期間）　本契約の期間は、平成〇〇年〇月から平成□□年□月までとする。
2　前項の期間内に本件物件が完売されなかったときは、甲からの書面による契約終了の申入れがない限り、さらに〇か月間、期間が延長されるものとする。
第4条（通知・承諾義務）　甲が、第1条第1項各号の業務を、乙以外の第三者に対して委託する場合は、事前に乙に対して、当該第三者の所在地（住所）および名称（氏名）を通知しなければならない。
2　前項の第三者により本件物件の売買契約が成約した場合、または、甲自身により購入者と売買契約を成約させた場合には、甲は、遅滞なく、その旨を乙に通知しなければならない。
3　未売却の本件物件につき、甲が第三者に売却、担保権の設定、その他

の処分を行なうときは、甲は、乙と事前に協議の上、書面による承諾を得なければならない。

第5条（危険負担） 本件物件が、甲乙いずれの責に帰さない事由により滅失または毀損したときは、本契約は効力を失う。

2　前項の場合、甲は、乙が第三者に対して負担した債務について、弁済の義務を負う。

第6条（解除） 甲または乙は、各々相手方が本契約に基づく債務を履行しないときは、相当な期間を定めて催告し、右期間内に履行がされない場合には、本契約を解除することができる。

2　前項の解除がなされた場合、相手方は、成約済みの売買代金の○○％を違約金として支払わなければならない。

3　前項の違約金は、他に生じた損害賠償の請求を妨げるものではない。

第7条（解釈・協議） 本契約について、解釈上の疑義が生じた場合には、甲および乙は、信義に従い誠実に協議して、これを決するものとする。

第8条（裁判管轄） 本契約に関して生じる紛争については、○○地方裁判所を第一審の管轄裁判所とする。

附則

　甲および乙は、各々本契約書に署名、押印し、各1通を保管するものである。

平成○○年○月○日

　　　　　　　　　　東京都○○区○○町○丁目○番○号
　　　　　　　　　　甲　　　　　　○○　○○　　印

　　　　　　　　　　東京都○○区○○町○丁目○番○号
　　　　　　　　　　乙　　　　株式会社□□不動産販売
　　　　　　　　　　代表取締役　　　○○　○○　　印

アドバイス

建物の販売を業者に依頼した場合の契約書です。不動産広告では「媒介」、「販売代理」、「販売提携（代理）」等と表示されます。

用語 危険負担

　たとえば、売主Ａと買主Ｂが建物の売買契約を結んだ後に、落雷で建物が全焼したとします。この場合、売主Ａの引渡債務は実現できなくなりますから、その債務は消滅します（履行不能という）。とすれば、Ｂの代金支払債務も消滅するのでしょうか。こうした問題を「危険負担の問題」といいます。

　実は、上の例の場合、民法によれば、買主Ｂは代金を支払わなければならないことになっているのです。しかし、一般常識からすれば、建物が手に入らないのにお金を支払わなければならないというのはおかしな話です。そこで、現在では、①建物の登記または引渡前であれば買主Ｂは代金を支払う必要はないが、②登記または引渡しを受けた後であれば代金を支払わなければならないと考え方も主張されています。ただ、裁判所は、民法の原則的な考え方をまだ守っているようです。

2　37条書面

```
（住所）　○○県○○市○○町○丁目
（氏名）　○○○○　殿
```

37条書面

　貴殿が平成○○年○○月○○日に締結した土地売買契約に関し、宅地建物取引業法第37条第1項に基づき本書面をお渡しします。

1　当事者の住所氏名
　売　　主　（住所）
　　　　　　（氏名）
　買　　主　（住所）
　　　　　　（氏名）
2　物件の表示（所在地など）
　所　　在　○○県○○市○○町○丁目
　地　　番　○○番○
　地　　目　○○
　地　　積　○○. ○○㎡
3　代金の額並びにその支払いの時期および方法
　金○○○○万円
　平成○年○月○日全額
4　物件の引渡時期
　平成○○年○○月○○日
5　移転登記の申請時期

平成〇〇年〇〇月〇〇日
6　解除に関する事項
　　〇〇〇〇〇〇〇〇〇〇〇
7　代金以外に授受される金銭の額並びに当該金銭の授受の時期および目的
　　〇〇〇〇〇〇〇〇〇〇〇
8　代金の金銭貸借のあっせんを定めた場合には、その内容、貸借不成立の場合の措置に関すること
　　〇〇〇〇〇〇〇〇〇〇〇
9　損害賠償額の予定、違約金に関すること
　　〇〇〇〇〇〇〇〇〇〇〇
10　危険負担に関すること
　　〇〇〇〇〇〇〇〇〇〇〇
11　瑕疵担保責任に関すること
　　〇〇〇〇〇〇〇〇〇〇〇
12　税金の負担に関すること
　　〇〇〇〇〇〇〇〇〇〇〇

　　宅地建物取引業法第37条第3項に基づき記名押印します。

平成〇〇年〇〇月〇〇日
　　　　　　　　　宅地建物取引主任者
　　　　　　　　　登録番号　〇〇県知事（〇）〇〇〇〇号
　　　　　　　　　〇〇　〇〇　　印
平成〇〇年〇〇月〇〇日
　　　　　　　　　媒介した不動産業者
　　　　　　　　　免許証番号　〇〇県知事（〇）〇〇〇〇号
　　　　　　　　　住所　〇〇県〇〇市〇〇町〇丁目〇〇番〇〇号
　　　　　　　　　株式会社〇〇〇〇
　　　　　　　　　代表取締役　　　〇〇　〇〇　　印

アドバイス

① 宅建業者は、契約後のトラブル防止のために、契約締結後できるだけ早く、契約内容を記載した書面（37条書面）を契約の各当事者に交付しなければなりません。

② 37条書面への記載事項は以下のとおりです。

◎必須事項
- 当事者の住所氏名
- 物件の表示（所在地など）
- 代金の額並びにその支払いの時期および方法
- 物件の引渡時期
- 移転登記の申請時期

◎任意事項（契約中に定めがあれば）
- 解除に関する事項
- 代金以外に授受される金銭の額並びに当該金銭の授受の時期および目的
- 代金の金銭貸借のあっせんを定めた場合には、その内容、貸借不成立の場合の措置に関すること
- 損害賠償の予定、違約金に関すること
- 危険負担に関すること
- 瑕疵担保責任に関すること
- 税金の負担に関すること

③ 37条書面には、宅地建物取引主任者の記名押印が必要です。取引主任者は、その不動産業者の専任の取引主任者である必要はありません。なお、交付に際して取引主任者が説明する必要はありません。交付義務者は不動産業者であり、取引主任者が書面を交付するのではないのです。

④ 危険負担とは、天災その他不可抗力による損害が発生した場合、誰が責任を負うのかということです。

⑤ 担保責任とは、不動産に欠陥があった場合の責任のことです。

3 不動産引渡確認証

不動産引渡確認証

＜物件の表示＞
　所　　在　　○○県○○市○○町○丁目
　地　　番　　○○番○
　地　　目　　○○
　地　　積　　○○．○○㎡

　私は貴社との間において、平成○○年○○月○○日に締結した土地売買契約第○条に基づき、上記物件の引渡しを受けました。

平成○○年○○月○○日

住所　○○県○○市○○町○丁目○○番○○号
　（株式会社○○○○）
　（代表取締役）　　　　　　○○　○○　殿

　　　　　　　　（住所）
　　　　　　　　（氏名）　　　　　　○○　○○　印

アドバイス

①物件の占有の移転、つまり引渡しは、売主側の主要な債務ですが、引渡しをしたという事実を後日になって証明することは、意外に困難です。そこで、買受人から不動産の引渡しを受けた旨の確認証を受領しておくことが望ましいといえます。

②引渡しの目的物の特定は、最低限、登記簿の記載に基づいた物件の表示で行ないます。これでも不明確な場合は、公図や測量図の写しを添付することも検討します。公図とは登記所に地図の代わりに置かれている図面のことですが、明治時代に作成されたものなので現状を正確に表示しているとは限りません。測量図とは登記所に置かれている土地の形状、面積、求積方法などが記録された図面のことです。

③建物の引渡しの場合は、通常、鍵の引渡しをともないます。鍵の番号と本数を記載します。

4 手付放棄による売買契約解除通知

通知書

　私が貴社との間で、平成○○年○月○日に締結した下記物件に関する売買契約につき、私が本契約締結時に、貴社に交付した手付金○○○万円を放棄し、本書面により解除いたします。

記

＜物件の表示＞
1　　所　　在　　○○県○○市○○町○丁目
　　　地　　番　　○○番○
　　　地　　目　　○○
　　　地　　積　　○○．○○㎡

2　　所　　在　　○○県○○市○○町○丁目○○番地
　　　家屋番号　　○○番○
　　　種　　類　　○○
　　　構　　造　　○○○○
　　　床面積　　○○．○○㎡

　平成○○年○○月○○日
　東京都○○区○○町○丁目○番○号
　株式会社○○不動産販売
　代表取締役　　○○　○○　殿

　　　　　　　　　　　東京都○○区○○町○丁目○番○号
　　　　　　　　　　　　　　○○　○○　　印

アドバイス

①不動産取引に限らず、契約はいったん締結した以上は守らなければいけません。いったん成立した契約の効力を後から否定するためには、何らかの根拠が必要です。その根拠としては、たとえば、

　a　新たに、その契約をなかったことにする取り決めをする（合意解除）

　b　相手方が債務を履行しないことを理由として契約を解除する（債務不履行解除）

　c　あらかじめ契約書に盛りこまれていた解除条項によって解除する（解除条項による解除）

　d　思い違いがあったこと、だまされたこと、脅されたことなどを理由に契約の効力自体を否定する（錯誤無効の主張、詐欺取消、強迫取消の主張）

といったものがあげられます。逆にいえば、このような根拠がなければ、契約はあくまでも守らなければいけないのが原則です。

②しかし、契約の拘束力を強くしすぎると、かえって融通のきかない非効率な社会になってしまいます。そこで、民法は、売買契約に際し買主が売主に手付金を差し入れた場合には、契約当事者間に別段の意思表示がない限り、

　a　買主はその手付金を放棄することによって、

　b　売主は手付金の倍額を買主に返還することによって、

それぞれ、一方的に契約を解除することができるものとしました。つまり、手付金の交付という事実の存在により、自動的に解除条項が付加されたのと同様の効果を認めているのです。

このように相互に解除権を与える効果を持つ手付金のことを「解約手付」といい、これによる解除を「手付解除」といいます。

③手付解除ができるのは、契約の相手方が履行に着手するまでの間に限られます。着手とは、客観的に外部から認識できるような形で、a 履行行為の一部を行なうこと、または、b 履行を行なうために不可欠な前提行為をすること、をいいます。この段階に至ったあとに契約を覆すことは、相手方に不測の損害をもたらす可能性があるので手付解除は認められません。

5 物件明渡しの取り決め

土地明渡しの取決書

　去る平成○○年○月○日に締結された土地売買契約（以下「売買契約」）の売主○○○○（以下「甲」）と買主□□□□（以下「乙」）は、売買契約第○条の規定に基づき、下記物件（以下「本件物件」）の引渡しにつき、以下のように合意に達したものである。

　　　　　　　　　　　　　　　記

＜物件の表示＞
　　所在　　　　○○県○○市○○町○丁目
　　地番　　　　○番○
　　地目　　　　○○
　　地積　　　　○○○．○○㎡

第1条（目的）　本取決めは、売買契約に基づく甲の乙に対する本件物件の引渡し、および、引渡しに至るまでの管理について、取り決めるものである。

第2条（引渡し）　甲は、売買契約書第○条規定の引渡期日までに、本件物件上の甲所有の建物および造作その他土地に付属させた物を収去し、更地にした上で、乙にこれを引き渡すものである。

2　前項規定の引渡しについてかかる費用はすべて甲の負担とし、甲は乙に対して造作の買取りを請求しないものとする。

第3条（管理）　甲は、引渡しに至るまで、本件物件を善良なる管理者の注意をもって、管理するものとする。

2　甲は、乙の承諾なく、本件物件の全部または一部を、第三者に譲渡、

転貸してはならない。

第4条（乙の立入調査） 乙は、甲の承諾を得て、本件物件内に立入調査をすることができる。

2　前項の調査は、売買契約および本取決めに関するものに限られるものとする。

3　第1項の調査にかかる費用は、乙が負担するものとする。調査により甲に損害が生じる場合には、乙がこれを賠償するものとする。

第5条（遅延損害金） 第2条第1項規定の引渡しが遅延した場合、甲は、乙に対して1日あたり〇〇〇〇円の割合の遅延損害金を支払うものとする。

平成△△年△月△日

（甲）　〇〇県〇〇市〇〇町〇丁目〇番〇号
　　　　　〇〇　〇〇　印
（乙）　□□県□□市□□町□丁目□番□号
　　　　　□□　□□　印

アドバイス

①土地（更地）の明渡しの取決書です。

②造作とは、建物に取り付けられた畳や建具などのことです。本取決書では、売主が建物とともに造作を収去し、更地で引き渡す条項を設けました。

③善良なる管理者の注意とは、相当な注意を払い、物件を使用・管理することです。

6 契約の一部変更契約

賃貸借契約の一部変更契約書

　○○○○（以下「甲」という）と□□□□（以下「乙」という）は、下記物件（以下「本件物件」という）につき平成○○年○月○日に締結した、甲を賃貸人、乙を賃借人とする賃貸借契約（以下「原契約」という）につき、以下のとおり、一部変更する契約を締結したものである。

記

＜物件の表示＞
　　所　　在　　○○県○○市○○町○丁目○番地
　　家屋番号　　○○番○
　　種　　類　　○○
　　構　　造　　○○○○
　　床 面 積　　○○．○○㎡

第1条（目的）　本契約は、原契約第○条に規定する賃料およびそれに関連する事項について、変更するものである。
第2条（賃料）　原契約第○条に規定する賃料は、月額○万円から月額□万円に変更するものである。
第3条（原契約の効力）　本契約に規定する以外の事項については、原契約の規定が引き続き効力を有するものとする。

平成××年×月×日

（甲）　〇〇県〇〇市〇〇町〇丁目〇番〇号
　　　　　　　　　〇〇　〇〇　㊞
（乙）　〇〇県〇〇市〇〇町〇丁目〇番〇号
　　　　　　　　　□□　□□　㊞

アドバイス

建物の賃貸借契約の内容を一部変更する場合の契約書です。
一度締結された契約は、守られなければならないというのが基本的な法律の考え方です。しかし、その後の事情の変更で賃料等の契約内容を変更したい場合もあり得ます。そこで、賃貸人と賃借人の合意がある場合は、変更した内容について新たに契約を結ぶことができます。

7 抵当権設定契約

抵当権設定契約書

　○○○株式会社（以下「甲」という）および□□□□（以下「乙」という）は、甲が乙に対して有する下記債権（以下「本件債権」という）を担保するために、乙所有の下記物件（以下「本件物件」という）に抵当権を設定する契約を以下のとおり締結するものである。

　　　　　　　　　　　　　記

＜債権の表示＞
　　発生原因　　平成○年○月○日付金銭消費貸借契約
　　債権額　　　金○○○○万円
　　利率　　　　年○％
　　損害金　　　年○％
　　なお、１年未満の期間については、利率および損害金は日割計算とする。
＜物件の表示＞
　　土　　地　　所　在　　○○県○○市○○町○丁目
　　　　　　　　地　番　　○番○
　　　　　　　　地　目　　○○
　　　　　　　　地　積　　○○○．○○㎡
　　建　　物　　所　在　　○○県○○市○○町○丁目○番地
　　　　　　　　家屋番号　○番○
　　　　　　　　種　類　　○○
　　　　　　　　構　造　　○○○○

　　　　　床　面　積　　　○○○．○○㎡

第１条（抵当権の設定）　乙は、甲のために、本件物件に抵当権を設定し、その順位は１番とする。
２　乙は、本契約締結とともに、抵当権設定登記の申請に必要な一切の書類を、登記申請代理人に対して交付すべきものとする。
３　前項の登記申請代理人は、甲乙協議の上決定する。
４　登記申請等抵当権設定に必要な費用は、乙が負担する。
第２条（権利義務）　乙は、甲の承諾なく、次の行為を行なうことはできない。
　（１）　本件物件の原状を変更すること。
　（２）　本件物件の全部または一部を問わず、第三者に対して、これを譲渡し、転貸しまたは担保権を設定すること。
　（３）　本契約に基づく権利義務を第三者に対して譲渡すること。
　（４）　前記（１）ないし（３）以外の行為で、甲の権利を害する一切の行為。
２　乙は、本件物件について、金○○○○万円を最低保険金額とする損害保険契約を締結するものとする。
３　前項の損害保険契約に基づく保険金請求権については、乙は、甲のため債権質を設定する。乙は、保険証書に質権設定の裏書をした上で、これを甲に交付する。
４　甲は、本件物件の状況について調査し、乙に対して報告を求めることができる。
５　本件物件が滅失、毀損し、または、滅失、毀損のおそれがあるときは、乙は、甲に対して、その旨を通知しなければならない。
６　乙が以下の各号の一に該当するときは、乙は、遅滞なくこれを甲に通知しなければならない。
　（１）　乙が、強制執行、差押、仮差押、仮処分、滞納処分、競売申立てを受けたとき。
　（２）　乙が、その振出、裏書、引受にかかる為替手形、約束手形、小切

手につき、不渡処分を受けたとき。
　（3）　乙が、現在の住所または氏名を変更したとき。
第3条（抵当権の効力）　乙が本件債務を履行しないときは、甲は、抵当権を実行し、または、本件物件を任意売却することによって、その代金から債権の充当を受けることができる。
2　乙が、甲の承諾を得て、本件物件を増築、改築等した場合には、抵当権の効力はこれに及ぶものとする。
第4条（管轄）　本契約に関連する紛争については、○○地方裁判所を第一審の管轄裁判所とする。

附則
　甲乙は、各々本契約書に署名、押印し、各自1通を保管するものとする。

平成○○年○月○日
　　　　　　　　（甲）　○○県○○市○○町○丁目○番○号
　　　　　　○○○株式会社　代表取締役　○○　○○　　印
　　　　　　　　（乙）　□□県□□市□□町□丁目□番□号
　　　　　　　　　　　　　　　　　　　　　□□　□□　　印

アドバイス

①抵当権は、債権の担保を目的に設定されます。抵当権では、不動産の所有者は従来どおり建物の使用を継続することが可能であり、債権者（抵当権者）はいざというときに不動産から債権の回収が図れるという長所があります。抵当権の設定を当事者以外の第三者に対抗するためには、登記をする必要があります。

②同一物件に対し、複数の抵当権の設定が可能です。そこで登記をした順番によって、「1番抵当権、2番抵当権…」と呼びます。競売によって債権を回収する際は1番抵当権から順番に実施されます。

③抵当物件が建物である場合、滅失・毀損すれば、抵当権者は満足な債権の回収ができなくなります。そこで所有者に損害保険に加入してもらい、建物の滅失・毀損の場合には、抵当権者はその保険金から優先弁済を受けられるようにしておき

ます。さらに、保険金請求権には債権質をつけると債権回収が確実なものとなります。

用語 強制執行・差押・仮差押

　強制執行とは、国家機関が権利者の権利内容を強制的に実現してくれる手続きです。滞納家賃の支払請求訴訟などで勝訴しても、借家人が自主的に払わないことがあります。そのような場合に、この強制執行手続きが必要になります。

　差押は、強制執行をかけるために、裁判所などが債務者の財産を確保する手続きです。判決などに基づいて被告の財産を差し押さえ、競売にかけて換金し、それを原告に渡してくれるのです。

　仮差押とは、訴訟の結論を待っていては間に合わない場合に、債務者の財産を暫定的に確保する制度です。訴訟が続いている間に債務者の財産が他人の手に渡ってしまったり、債務者が財産隠しや名義変更をしたりして、回収できなくなるのを防ぐために設けられています。

　仮差押などの保全処分の手続きは、原則として債務者の言い分は聞かずに進められます。また、立証も一応の証明（疎明）で足りますから、後日の本裁判（本案訴訟）で原告（債権者）の請求が認められないこともあります。そのような場合に備えて、債権者は保証金を積むよう指示されます。本案訴訟で原告の請求が認められないときは、この保証金が債務者が被った損害賠償金に充てられます。

8 抵当権設定契約
（追加担保）

抵当権設定契約書

　株式会社○○（以下「甲」という）、□□□□（以下「乙」という）は、以下のとおり、契約を締結するに至ったものである。

第1条（目的）　甲が乙に対して有する下記債権（以下「本件債権」）を担保するために、乙は、乙が甲に対してすでに物件1に設定している抵当権に加えて、物件2に抵当権を追加して設定する。

記

1．債権の表示
　　発生原因　平成○年○月○日金銭消費貸借契約
　　債権額　　金○○○○万円
　　利率　　　年○％
　　損害金　　年○％
　　なお、1年未満の期間については、利率および損害金は日割計算とする。
2．物件の表示
　　物件1（土地）
　　　　　所在　　○○県○○市○○町○丁目
　　　　　地番　　○番○
　　　　　地目　　○○
　　　　　地積　　○○○．○○㎡
　　物件2（土地）
　　　　　所在　　○○県○○市○○町○丁目

　　　　地番　　　○番○
　　　　地目　　　○○
　　　　地積　　　○○○．○○㎡
　　　（建物）
　　　　所在　　　○○県○○市○○町○丁目○番地
　　　　家屋番号　○番○
　　　　種類　　　○○
　　　　構造　　　○○○○
　　　　床面積　　○○○．○○㎡

2　前項の抵当権は第○順位とする。
3　甲および乙は各々、抵当権設定登記申請のために必要な書類一切を登記申請代理人に交付すべきものとする。
第2条（権利義務）　乙は、甲の承諾なく、次の行為を行なうことはできない。
　（1）　物件2の原状を変更すること。
　（2）　物件2の全部または一部を問わず、第三者に対して、これを譲渡し、転貸しまたは担保権を設定すること。
　（3）　本契約に基づく権利義務を第三者に対して譲渡すること。
　（4）　前記（1）ないし（3）以外の行為で、甲の権利を害する一切の行為。
2　甲は、物件2の状況について調査し、乙に対して報告を求めることができる。
3　物件2が滅失、毀損し、または、滅失、毀損のおそれがあるときは、乙は、甲に対して、その旨を通知しなければならない。
4　以下の各号の一に該当するときは、乙は、遅滞なくこれを甲に通知しなければならない。
　（1）　乙が、強制執行、差押、仮差押、仮処分、滞納処分、競売申立てを受けたとき。
　（2）　乙が、その振出、裏書、引受にかかる為替手形、約束手形、小切

　　　　手につき、不渡処分を受けたとき。
　（3）　乙が、現在の住所または氏名を変更したとき。
第3条（抵当権の効力）　乙が本件債権を履行しないときは、甲は、物件2の抵当権を実行し、または、任意売却することによって、その代金から債権の充当を受けることができる。
2　乙が、甲の承諾を得て、本件物件を増築、改築等した場合には、抵当権の効力はこれに及ぶものとする。
第4条（準用）　本契約に規定のない事項については、甲乙間の物件1に関する抵当権設定契約の規定を準用する。
第5条（管轄）　本契約に関連する紛争については、○○地方裁判所を第一審の管轄裁判所とする。

附則
　甲および乙は、各々本契約書に署名、押印し、各自1通を保管するものとする。

平成○○年○月○日

　　　　　　　　　　　（甲）　○○県○○市○○町○丁目○番○号
　　　　　　　　　　　株式会社○○
　　　　　　　　　　　代表取締役　○○　○○　　印
　　　　　　　　　　　（乙）　□□県□□市□□町□丁目□番□号
　　　　　　　　　　　　　　　□□　□□　　印

アドバイス

①既に抵当権が設定されている債権に、新たに抵当権を追加して設定する場合の契約書です。
②第3条の任意売却とは、抵当権の設定された債権の返済が難しくなったときに、債権者と債務者（所有者）の間に仲介者が入って、裁判所の競売を経ずに担保不動産を売却することです。

9 民間建設工事標準請負契約約款（乙）

民間建設工事請負契約書

注文者　　　○○○○（以下「甲」という）
請負者　　　○○○○（以下「乙」という）

　この契約書、民間建設工事標準請負契約約款（乙）（昭和26年2月14日中央建設業審議会決定）と、添付の図面○枚、仕様書○冊とによって、工事請負契約を結ぶ。

（1）　工事名
（2）　工事場
（3）　工期　　　着手　契約の日から　　　○日以内
　　　　　　　　　　　工事許認可の日から　　○日以内
　　　　　　　　　　　平成○○年　○月　○日
　　　　　　　　完成　着手の日から　　　　○日以内
　　　　　　　　　　　平成○○年　○月　○日
（4）　検査および引渡しの時期　完成の日から○日以内
（5）　請負代金額
　　　（うち取引に係る消費税および地方消費税額　　　　　　　）
〔（　）の部分は、請負者が課税業者である場合に使用する〕
（6）　支払方法　　注文者は請負代金をつぎのように請負者に支払う。
　　　　　この契約成立のとき

　　　　　部分払 { 第一回
　　　　　　　　　 第二回

　　　　完成引渡しのとき

（７）危険負担の方法
（８）その他
　この契約の証として本書２通を作り、当事者が記名押印して各１通を保有する。

平成〇〇年〇月〇日
　　　　　　　　　　　住所　東京都〇〇区〇丁目〇番〇
　　　　　　　　　　　注文者　　　〇〇　〇〇　　　印
　　　　　　　　　　　住所　東京都〇〇区〇丁目〇番〇
　　　　　　　　　　　請負者　　　〇〇　〇〇　　　印
監理技師としての責を負うためここに記名押印する。
（監理技師を置く場合記載する）
　　　　　　　　　　　監理技師　　〇〇　〇〇　　　印

第１条（請負者）　乙はこの工事の図面、仕様書、約款と、これらに基いて示される詳細図、現寸図と指図によって工事を施工する。
２　乙は図面または仕様書について疑いを生じたとき、その部分の着手前に、監理技師丙（丙を置かない場合は甲、以下同じ）の指図を受け、重要なものは乙、丙協議して定める。
３　乙は図面、仕様書、または指図について、適当でないと認めたときは、あらかじめ丙に意見を申し出ることを要する。
４　乙は契約を結んだ後、工事費内訳明細書、工程表をすみやかに丙に提出してその承認を受ける。工事費内訳明細書に誤記、違算または脱漏などがあっても、そのために請負代金を変えない。
第２条（権利義務の承継等）　当事者は相手方の書面による承諾を得なければ、この契約から生ずる自己の権利義務を第三者に承継させることはできない。

2 当事者は、相手方の書面による同意を得なければ、契約の目的物、または工事場に搬入した検査済の工事材料などを、売却、貸与、または抵当権その他担保の目的に供することができない。

第3条（監理技師＜監理技師を置く場合に記載する＞） 丙は甲に代わって、この契約の履行に必要な次の事務を行なう。

（1） 乙の提出する工事費内訳明細書、工程表、その他仕様書に明示した書類を調査して承認する。

（2） 実施計画に基いて、施工に必要な詳細図、現寸図、その他の書類を作り、工程表によって適当な時期に乙に交付する。また乙の作る工作図、模型などを検査して承認する。

（3） 施工一般について乙に指図する。

（4） 工事材料と工作の検査をし、試験または工事の施工に立会う。

（5） 図面仕様書などに基づいて工事の出来形検査と完成検査を行ない引渡しに立会う

（6） 乙の提出する部分払請求書を工事の現状に照らして技術的に調査する。

（7） 工期または請負代金額の変更の書類を技術的に調査する。

（8） この工事とこれに関連する他の工事との総合調整にあたる。

2 前項各号の一について、乙が指図、検査、立会いなどを求めたときは、丙は直ちにこれに応ずる。

3 工事についての当事者間の協議は、丙に連絡して行なう。

4 丙は甲の承認する代理人を定めて監理させることができる。このときはあらかじめ乙に通知する。

5 丙は現場係員を使用することができる。このときはあらかじめ乙に通知する。現場係員は工事場に駐在し、丙の指図を受けて専ら施工を監督する。

第4条（検査、立会い） 工事材料は、あらかじめ丙の検査または仕様書による試験を受けて合格したものを使う。

2 工事材料のうち、品質の示されていないものがあるときは、中等の品質のものを使う。

3　工事材料の調合、水中または地中の工事、その他完成後、外から見ることのできない工事は丙の立会いの下に施工する。
4　材料または施工について、検査、試験、調査などのために直接必要な費用は乙の負担とする。
5　前項の検査試験などで契約に明示していないものに要する費用、または特別に要する費用は甲の負担とする。
6　不合格材料は丙の指図によって、乙がこれを引き取りまたは片付ける。
7　工事場に搬入した材料または機器の持出しについては、乙は丙の承認を受ける。

第5条（適合しない施工）　施工について、この契約に適合しない部分があるときは、丙の指図によって、乙はその費用を負担してすみやかにこれを改造し、このために工期の延長を求めることはできない。
2　この契約に適合しない疑いのある施工について必要を認めたとき、丙は甲の承認を得て工事の一部を解発して検査することができる。
3　前項による解発の結果、契約に適合しないものについては、解発に要する費用は乙の負担とし、契約に適合しているものについては、解発並びにその復旧に関する費用は甲の負担とする。
4　適合しない施工が甲または丙の責に帰する事由によるときは乙は前3項の責を負わない。

第6条（第三者の損害）　施工のため、第三者の生命、身体に災害を及ぼし、財産などに損害を与えたときまたは第三者との間に紛議を生じたとき、乙はその処理解決にあたる。ただし甲の責に帰する事由によるときはこの限りでない。
2　前項に要した費用は乙の負担として工期は延長しない。ただし甲の責に帰する事由によって生じたときは、その費用は甲の負担とし必要によって乙は工期の延長を求めることができる。

第7条（一般損害の負担）　工事の完成引渡しまでに契約の目的物、または検査済の工事材料、その他施工一般について生じた損害は乙の負担とし、そのために工期の延長をしない。

2　前項の損害のうち、次の各号の一のときに生じたものは甲の負担とし、乙は必要により工期の延長を求めることができる。
（1）　甲の都合によって、着手期日までに着工できなかったとき、または甲が工事を繰延もしくは中止したとき。
（2）　前金払いまたは部分払いが遅れたため乙が工事の手待ちまたは中止をしたとき。
（3）　その他甲または丙の責に帰すべき事由によるとき。

第8条（危険負担）　天災地変、風水火災、その他甲乙のいずれにもその責を帰することのできない事由などの不可抗力によって工事の既済部分または工事現場に搬入した検査済工事材料について損害を生じたときは、乙は事実発生後すみやかにその状況を甲に通告することを要する。

2　前項の損害で重大なものについて乙が善良な管理者の注意をしたと認められるときは、その損害額を甲、乙、丙協議して定め甲が負担する。

3　火災保険その他損害を填補するものがあるときは、それらの額を損害額より控除したものを前項の損害額とする。

第9条（損害保険）　乙は工事中契約の目的物と工事場に搬入した工事材料にあらかじめ火災保険をかける。

第10条（完成、検査、引渡し）　乙は工事が完成したとき、丙に検査を求め、丙は遅滞なくこれに応じて、乙の立会いの下に検査を行なう。

2　検査に合格したとき、甲は検査済証を乙に渡す。乙は引渡期日までに契約の目的物を甲に引き渡し、同時に甲は乙に受領書を渡す。

3　検査に合格しないとき、乙は工期内または丙の指定する期間内にこれを補修または改造して、丙の検査を受ける。

4　完成引渡しまでに乙は丙の指図にしたがって仮設物の取り払い、その他後片付けなどの処置を行なう。

第11条（請求、支払い）　契約書の定めるところにより乙が部分払いの支払いを求めるときは、丙の承認を得て、請求書を支払日5日前に甲に提出する。

2　工事完成後、検査に合格したとき、乙は甲に請負代金の支払いを求め、甲は契約の目的物の引渡しを受けると同時に、乙に請負代金の支払

いを完了する。

第12条（瑕疵の担保） 乙は工事目的物の瑕疵によって生じた滅失毀損について引渡しの日から1年間担保の責を負う。ただしこの期間は、石造、土造、煉瓦造、金属造、コンクリート造およびこれに類する建物その他土地の工作物もしくは地盤の瑕疵によって生じた滅失毀損については2年とする。

2　造作、装飾、家具などについては甲が引渡しを受けるとき、丙が検査して、もし瑕疵があるときはただちに乙に補修または取換えを求めなければ乙は責を負わない。ただし、隠れた瑕疵については引渡しの日から6か月間担保の責を負う。

3　この契約が住宅の品質確保の促進等に関する法律第94条第1項に定める住宅を新築する建設工事の請負契約である場合には、乙は、前2項の規定にかかわらず、工事目的物のうち住宅の品質確保の促進等に関する法律施行令第5条第1項及び第2項に定める部分の瑕疵（構造耐力または雨水の浸入に影響のないものを除く）について、引渡しの日から10年間担保の責を負う。

4　前3項の瑕疵があったときは甲は相当の期間を定めて乙に補修を求めることができる。ただし瑕疵が重要でないのに補修に過分の費用を要するときは、乙は、適当な損害賠償でこれに代えることができる。

5　甲は瑕疵の補修に代え、または補修とともに、瑕疵に基づく損害賠償を乙に求めることができる。

第13条（工事の変更） 甲は必要によって工事を追加もしくは変更し、または工事を一時中止することができる。

2　前項のとき請負代金額または工期を変更する必要があるときは、甲、乙協議して定める。

第14条（工期の変更） 不可抗力によるか、または正当な理由があるとき、乙はすみやかにその事由を示して、甲に工期の延長を求めることができる。このとき工期の延長日数は甲、乙、丙協議して定める。

第15条（請負代金の変更） 次の各号の一にあたるとき当事者は請負代金の変更を求めることができる。

（1） 工期内に材料、役務等の統制額または一般職種別賃金の変更により請負代金が明らかに不適当であると認められるとき。
（2） 工事が長期（期間は当事者協議して定める）にわたる場合、その工期内に租税の変更、物価賃金の変動によって請負代金が明らかに不適当と認められるとき。
（3） 一時中止した工事または災害を受けた工事を続行する場合、請負代金が明らかに不適当と認められるとき。
（4） 水道、電気、ガスに関する事業主体の直轄工事に関して、これらの事業費の増減があり、請負代金が明らかに不適当であると認められるとき。

2　請負代金を変更するときは工事の減少部分については工事費内訳明細書により増加部分については時価によって甲乙協議の上その金額を定める。

第16条（履行遅滞、違約金）　乙が契約の期間内に、工事の完成引渡しができないで遅滞にあるとき、甲は契約書の定めるところにより遅滞日数1日について請負代金の1万分の4以内の違約金を請求することができる。

2　引渡期日に請負代金の支払いを求めても甲がその支払いを遅滞しているとき、または契約書の定めるところにより請負代金から前払金額で既に受領した金額を控除した残額について、日歩4銭以内の違約金を甲に請求することができる。

3　甲が前項の遅滞にあるとき、乙は契約の目的物の引渡しを拒むことができる。

4　甲が遅滞にあるとき、乙が自己のものと同一の注意をして管理してもなお契約の目的物に損害を生じたときは、その損害は甲が負担する。

5　甲の遅滞の後、契約の目的物の引渡しまでの管理のため特に要した費用は甲の負担とする。

6　乙が履行の遅滞にあるとき、契約の目的物に生じた損害は乙の負担とし、天災その他不可抗力などの理由によってその責を免れることはできない。

第17条（甲の解除権）　甲は工事中必要によって契約を解除することができる。甲はこれによって生じた損害を賠償する。
2　次の各号の一にあたるときは、甲は乙に工事を中止させるか、または契約を解除してその損害の賠償を求めることができる。
　（1）　正当な事由がなく、乙が着手期日を過ぎても工事に着手しないとき。
　（2）　工程表より著しく工事が遅れ、工期内または期限後相当期間内に、乙が工事を完成する見込みがないと認められるとき。
　（3）　第5条第1項の規定に違反したとき、またはあらかじめ甲の書面による承認がないのに工事の全部または大部分を一括して第三者に委任し、もしくは請け負わせたとき。
　（4）　前3号のほか乙がこの契約に違反しその違反によって契約の目的を達することができないとき。
　（5）　乙が第18条第2項の各号の一に規定する事由がないのに契約の解除を申し出たとき。
3　契約を解除したとき、工事の出来形部分は甲の所有とし甲、乙、丙協議の上清算する。このとき前払金額に残額のあるときは、乙はその残額について前払金額受領の日から利子をつけてこれを甲に返す。

第18条（乙の解除権等）　甲が前金払い、部分払いの支払いを遅滞し、相当の期間を定めて催告しても、なお支払いをしないとき、乙は工事を中止することができる。
2　次の各号の一にあたるとき、乙は契約を解除することができる。
　（1）　乙の責に帰し得ない工事の遅延または中止期間が工期の3分の1以上、または2か月に達したとき。
　（2）　甲が工事を著しく減少したため、請負代金が3分の2以上減少したとき。
　（3）　甲がこの契約に違反し、その違反によって契約の履行ができなくなったと認められるとき。
　（4）　甲が請負代金の支払能力を欠くことが明らかになったとき。
3　前2項のとき、乙は甲に損害の賠償を求めることができる。

4 第2項による契約解除のときは、前条第三項の規定を準用する。ただし利子についてはこの限りでない。

第19条（契約に関する紛争の解決） この約款の各条項において甲乙協議して定めるものにつき協議が整わない場合には、甲または乙は、当事者の双方の合意により選定した第三者または建設業法による建設工事紛争審査会（以下「審査会」という）のあっせんまたは調停により解決を図る。

2 甲および乙は、その一方または双方が前項のあっせんまたは調停により紛争を解決する見込みがないと認めたときは、前項の規定にかかわらず、仲裁合意書に基づき、審査会の仲裁に付し、その仲裁判断に服する。

第20条（情報通信の技術を利用する方法） この約款において書面により行なわなければならないこととされている承諾、同意および承認は、建設業法その他の法令に違反していない限りにおいて、電子情報処理組織を使用する方法その他の情報通信の技術を利用する方法を用いて行なうことができる。ただし、当該方法は書面の交付に準ずるものでなければならない。

第21条（補則） この契約書に定めていない事項については、必要に応じて甲、乙、丙協議の上定める。

仲裁合意書

工事名
工事場所

　平成○年○月○日に締結した上記建設工事の請負契約に関する紛争については、発注者及び請負者は、建設業法に規定する下記の建設工事紛争審査会の仲裁に付し、その仲裁判断に服する。

| 管轄審査会名 | 建設工事紛争審査会 |

　管轄審査会名が記入されていない場合は建設業法第25条の9第1項または第2項に定める建設工事紛争審査会を管轄審査会とする。

平成○○年○月○日

発注者　○○　○○　印
請負者　○○　○○　印

アドバイス

①個人住宅建築等の民間小工事の請負契約についての標準約款です。国土交通省が契約書のモデルを作成しており、本約款は「民間建設工事標準請負契約約款（乙）」です。本約款は、国土交通省のホームページからダウンロードすることができます。本契約書は、これまでの契約書とは形式が異なっていますが、契約書の形式は自由なので、このような形式でもかまいません。

②請負契約は請負人が建築などの仕事を完成させて、注文者に目的物を引き渡し、注文者が報酬を支払うこと約束する契約で建築請負契約を結びます。権利義務の承継について、承諾を行なう場合としては、たとえば、請負人が工事に係る請負代金債権を担保として資金を借り入れる場合があります。

③危険負担（第8条）とは、双務契約で一方の債務がその債務者の責に帰することのできない事由によって履行できなくなった場合に、負担の分担をどうするかについて決めることをいいます。請負の場合、仕事を完成することに重点があるので、請負人がこうした費用を負担するべきだとするのが民法上の建前ですが、これでは請負人のリスクが大きいので、特約によって、損失の分担の方法を定めている例が多いようです。

④仕事の目的物に瑕疵がある場合、注文者は請負人に対して瑕疵の修補請求および損害賠償請求ができます。ただし、瑕疵が重要でないのに修補に過分の費用がかかるときは損害賠償請求のみに限定されます。損害賠償の範囲は、請負の担保責任の場合は履行利益（瑕疵がなければ得られたであろう利益）までの請求が可能です。建物など、土地の工作物の場合は、工事完了後の解除はできません。請負人のリスクが大きすぎるからです。

⑤民法上、担保責任の期間は目的物引渡しから1年間ですが、土地の工作物の場合は、木造が5年、コンクリート造が10年です。原則として、特約によって、これより請負人に不利な定めをすることはできません。実務上は、民法で定める期間より短くなっている場合のほうが多いと思われます。ただ、消費者契約法によって、法人が民法で定めるより買主である消費者に一方的に不利な特約を結んだ

場合も無効になります（消費者契約法第10条）ので、注意が必要です。
⑥なお、新築住宅については特例があります。「住宅の品質確保の促進等に関する法律」の94条は、新築住宅の請負契約では、構造耐力上主要な部分または雨水の浸入を防止する部分として政令で定めるものの瑕疵について、請負人が10年間の瑕疵担保責任を負うとしており、この規定に反する特約で注文者に不利なものは、無効とされています。
⑦本約款書式第2条1項について、承諾を行なう場合としては、たとえば、乙が工事にかかわる請負代金債権を担保として資金を借り入れようとする場合などが、これに該当します。

用語 仲裁合意

仲裁合意とは、裁判所への訴訟に代えて、紛争の解決を仲裁人に任せることを約束する当事者間の契約です。

仲裁手続きによってなされる仲裁判断は、裁判上の確定判決と同一の効力をもっています。

たとえその仲裁判断の内容に不服があっても、その内容を裁判所で争うことはできません。

ただし、消費者である発注者は、請負者との間に成立した仲裁合意を解除することができます。また、事業者の申立てによる仲裁手続きの第一回口頭審理期日において、消費者（発注者）である当事者が出頭せず、または解除権を放棄する旨の意思を明示しないときは、仲裁合意を解除したものとみなされます。

用語 建設工事紛争審査会

建設工事紛争審査会とは、建設工事の請負契約に関する紛争について、非公開での迅速な解決を目的として、国土交通省と各都道府県に設置されています。

国土交通省に設置されているものが中央建設工事紛争審査会（中央審査会）、各都道府県に設置されているものが都道府県建設工事紛争審査会（都道府県審査会）です。

審査会の管轄は、原則として、請負人が国土交通大臣の許可を受けた建設業者であれば中央審査会、都道府県知事の許可を受けた建設業者であれば都道府県審査会ですが、当事者双方の合意で管轄審査会を定めることもできます。

申請が受理されると、弁護士を中心として、建築・土木・電気などの技術者、建設行政経験者によって構成される審査会で、申請人と被申請人が証拠に基づいてそれぞれの意見を主張します。

なお、審査会における仲裁手続きは、原則として、仲裁法の規定が適用されます。

編著者略歴

北河　隆之（きたがわ　たかゆき）

1951年東京生まれ。75年、司法試験合格。76年、東京都立大学法学部卒業。78年、弁護士登録（東京弁護士会）。弁護士活動の他、琉球大学法科大学院の教授も務める。
『やさしくわかる　少額訴訟・本人訴訟の起こし方とトラブル解決法』（編著・同文舘出版）、『知っておきたい交通事故と損害賠償の法律知識』『会社で使う契約書式文例集』『そのまま使える内容証明ケース別181文例』『法律用語の意味がわかる辞典』『支払督促で上手に債権を回収する法』（以上、日本実業出版社）、『図解　個人債務者民事再生手続き』（弘文堂）、『損害賠償の法律知識』（中央経済社）、『民事再生法の解説―個人再生手続―』（一橋出版）、『詳解後遺障害逸失利益』（共著・ぎょうせい）など多数。

不動産売買・賃貸借契約の書式文例48

平成20年2月4日　初版発行

編著者 ── 北河隆之

発行者 ── 中島治久

発行所 ── 同文舘出版株式会社
　　　　　東京都千代田区神田神保町1-41　〒101-0051
　　　　　電話　営業03（3294）1801　編集03（3294）1803
　　　　　振替 00100-8-42935

©T.Kitagawa　ISBN978-4-495-57871-8
印刷／製本：シナノ　Printed in Japan 2008

仕事・生き方・情報を DO BOOKS サポートするシリーズ

あなたのやる気に1冊の自己投資！

ビジネス契約書の見方・つくり方・結び方

この一冊でビジネス契約書の見方がわかり、自分に有利な契約書ができる

横張清威著／**本体 2,700円**

実際の商取引に絶え得る必要十分な条項がわかり、契約書の各条項の意味と役割をわかりやすく解説。雛形の変更例を多数提示！

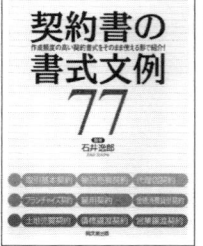

契約書の書式文例77

作成頻度の高い契約書式をそのまま使える形で紹介！

石井逸郎編著／**本体 2,600円**

ビジネスの現場で実際に頻繁に活用されている契約書、通知書を多数セレクト。契約書の作成に欠かせない基本時効についてもわかりやすく解説する

ビジネス文書の書式文例270

書き方の基本がわかり、応用自由自在

同文舘出版編／**本体 2,700円**

ビジネス文書の基本的な考え方から、社内文書と社外との取引・業務文書、社交・儀礼文書、メールを使った文書などまでを解説する

同文舘出版

本体価格に消費税は含まれておりません。